착륙 전 준비
&
착륙 후 서비스

CENGAGE

Preparation Before Landing & Cabin Service After Landing

Mun Hee Jeong
Yang Ji Hye
Yang Hye Ryeon

ISBN-13: 978-89-6218-524-9

Cengage Learning Korea Ltd.
14F YTN Newsquare 76 Sangamsan-ro
Mapo-gu Seoul 03926 Korea
Tel: (82) 2 330 7000
Fax: (82) 2 330 7001

Cengage Learning is a leading provider of customized learning solutions with office locations around the globe, including Singapore, the United Kingdom, Australia, Mexico, Brazil, and Japan.
Locate your local office at: **www.cengage.com**

Cengage Learning products are represented in Canada by Nelson Education, Ltd.

To learn more about Cengage Learning Solutions, visit **www.cengageasia.com**

Printed in Korea
Print Number: 01 Print Year: 2021

착륙 전 준비 & 착륙 후 서비스

문희정 | 양지혜 | 양혜련 공저

CENGAGE

Andover • Melbourne • Mexico City • Stamford, CT • Toronto • Hong Kong • New Delhi • Seoul • Singapore • Tokyo

착륙 전 준비 & 착륙 후 서비스

초판 1쇄 인쇄 | 2021년 8월 24일
초판 1쇄 발행 | 2021년 8월 30일

지은이 | 문희정, 양지혜, 양혜련
발행인 | 송성헌
발행처 | 센게이지러닝코리아㈜
등록번호 | 제313-2007-000074호(2007.3.19.)
주 소 | 서울시 마포구 상암산로 76 YTN 뉴스퀘어 14층
전 화 | 02) 330-7000
이메일 | asia.infokorea@cengage.com
홈페이지 | www.cengage.co.kr

ISBN-13: 978-89-6218-524-9

정가 20,000원

머리말

이 책은 항공 객실 승무원의 업무 중 '착륙 전'과 '착륙 후'에 해당하는 절차를 쉽고 바르게 이해할 수 있도록 집필했습니다. 안전한 착륙을 위한 준비 절차, 착륙 후 승객이 하기한 다음에 실시되는 업무를 이해하면서 객실 승무원의 꿈에 한 발짝 다가가기를 희망합니다.

객실 승무원으로 입사하여 오랜 교육원 생활을 마치고 첫 비행을 했던 때가 떠오릅니다. 정신없이 안전과 서비스 절차에 따라 움직이다가 잠시 고개를 들었을 때 머리가 멍해지는 것을 느꼈습니다. 객실 승무원의 멋있고 아름다운 모습은 보이는 것이 전부가 아니었습니다. 비행기가 이륙하고 안전 고도에 이르러 승객들에게 서비스를 하면서 다양한 감정을 공유하고 도착지에 안전하게 착륙하는 이 모든 업무 절차의 수행은 투철한 책임감에서 시작됨을 느끼며 코끝이 찡해졌습니다.

투철한 책임감은 바르고 정확한 지식에서 비롯합니다. 그러나 승무원의 꿈을 꾸는 학생들은 어떠한 업무가 '착륙 전'과 '착륙 후'에 이루어지는지 정확하게 파악하기가 어렵습니다. 객실 승무원이 된 후에도 업무에 익숙해지려면 많은 시간이 필요합니다. 더욱이 착륙과 관련된 전문 용어와 절차는 비행 경험이 없는 학생들에게 생소하기만 합니다.

그래서 이 책에서는 항공기의 이 · 착륙에 필요한 많은 업무 중 '착륙 전'과 '착륙 후'에 실시되는 가장 기본적인 업무 절차를 추려 학생들이 이해하기 쉽도록 최대한 간소화해 설명했습니다. 업무를 쉽게 상상해 볼 수 있도록 현장 실무 사진을 수록했습니다. 또 각 챕터의 끝에 'Question & Answer'와 'Level up Role Play'를 두어 중요한 내용을 정리하고 실제 상황에 적용할 수 있도록 현장감을 높였습니다.

이 책이 객실 승무원의 착륙 전 업무와 착륙 후 업무를 이해하고 여러분의 꿈을 구체화하는 실습 교재가 되기를 희망합니다. 어려움 속에서도 꿈을 키워 나갈 수 있기를 진심으로 응원합니다. 마지막으로 현장감 높은 교재의 집필을 위해 도움을 주신 여러 객실 승무원분들과 교수님들, 센게이지러닝코리아(주) 관계자분들께 감사의 말씀을 드립니다.

2021년 8월

저자 일동

차례

Review

착륙 전 서비스

CHAPTER 01

CHAPTER 03

착륙 후 서비스

승객 하기 후 관리

국제선 서비스 주요 포인트

1. 국제선 서비스 절차(International Cabin Service Procedure)

1) 국제선 서비스 타입

국제선의 서비스 내용과 절차는 항공사별로 상이하며 서비스 타입(Service Type)에 따라 절차(Procedure)의 차이가 있다. 이러한 서비스 타입은 비행시간에 따라 단거리, 중거리, 장거리 노선으로 분류하며, 대부분의 항공사가 비행기의 회전율이 높고 수익이 많이 발생하는 단거리 노선에 집중하는 현상을 보인다.

단거리 노선은 비교적 짧은 비행시간으로 안전 및 보안 업무, 기내 서비스와 면세품 업무 등의 다중 업무를 소화해 내야 하기에, 객실 승무원이 서비스 스킬과 업무 지식을 숙지하지 못한 상태로 근무하게 되면 동료와 탑승 승객 모두에게 많은 불편을 끼치게 된다. 따라서 서비스 타입에 맞는 서비스를 절차에 맞게 적용하되 신속하고 정확한 서비스를 수행할 수 있도록 업무 절차와 노선별 특징을 정확히 숙지해야 한다.

일반적으로 Full Service를 제공하는 FSC(Full Service Carrier) 항공사의 국제선 서비스는 비행시간을 기준으로 적용되며 식사 서비스 제공 횟수는 다음과 같으나 항공사 노선별로 상이할 수 있다.

국제선 비행시간별 서비스 제공 횟수

비행시간 적용기준	식사 서비스 제공 횟수
6시간 이내	1회
6시간 이상	2회
12시간 이상	3회

다양한 타입의 기내식

2) 국제선 서비스 타입별 주의사항

- 단거리 노선의 경우 Cold Meal(가열하지 않아도 되는 식사)이 제공되며, 비행시간이 2시간을 초과하는 경우 Hot Meal이 제공된다.
- 단거리 Hot Meal 서비스 시 비행시간이 짧은 관계로 서두르는 모습을 보이지 않도록 주의하며, 식사 Tray를 제공할 때 조심스럽게 서비스한다.
- 단거리 노선에서 주무시는 승객들에게는 해당 좌석에 Service Sticker를 부착하고, 승객이 잠에서 깨면 다시 여쭤 보고 식사를 제공해야 한다. Skip 금지!
- 서비스 타입은 각 항공사의 정책 및 노선별 특성에 따라 변경되어 적용될 수 있다.

3) 국제선 서비스 절차

서비스 타입에 따라 서비스 절차가 나눠진다. 각 항공사의 중 · 장거리 노선은 FSC의 전체 서비스를 제공하므로 서비스 품질을 결정하는 구간으로 차별화를 모색하여 고객

만족을 향상시킬 수 있는 구간이라 할 수 있다. 이러한 서비스 절차를 단거리, 중거리, 장거리 노선으로 분류하면 다음과 같다.

(1) 단거리 노선 절차

(2) 중 · 장거리 노선 절차

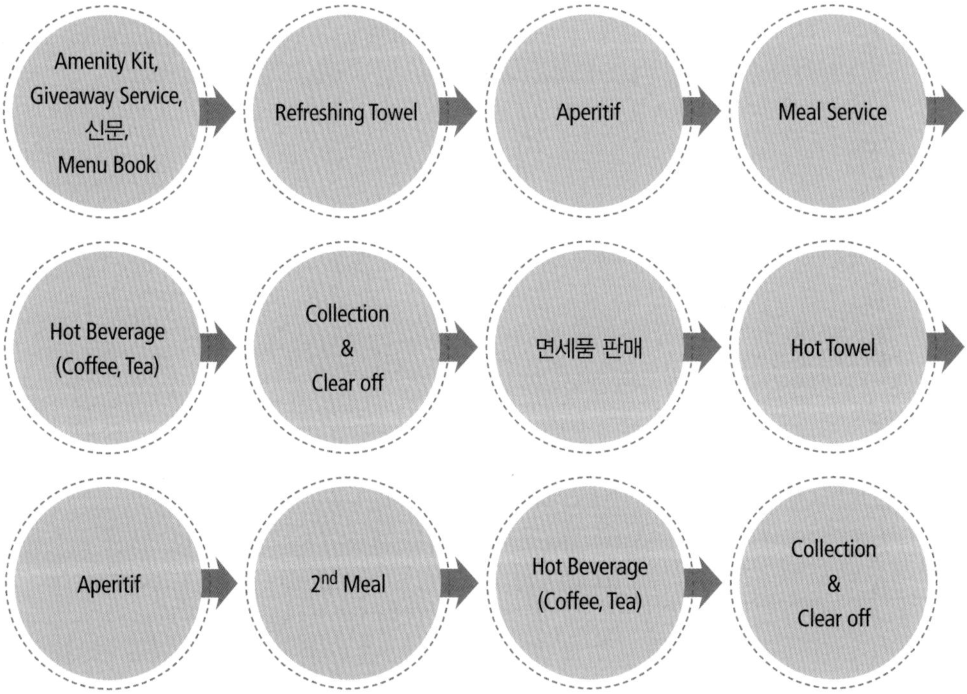

2. 기내 식음료 서비스 시 주의사항

1) 기내 식음료 제공 시 주의사항

- 식사 트레이를 제공할 때 승객의 테이블을 편 후 식사의 종류와 조리법 등을 설명하고 식사 주문을 받아야 한다. (식사 주문은 왼쪽에서 오른쪽, 창 측에서 복도 쪽 순서로 받는다.)
- "식사를 준비해 드리겠습니다"라고 말하며 주문받은 식사를 제공하고 동시에 음료 주문을 받아 즉시 제공한다.
- "음료는 어떻게 하시겠습니까?"라고 여쭈며 주문을 받는다. 이때 음료의 종류를 천천히 말씀드린다.
- 카트 뒤쪽에서 카트를 잡고 서 있는 승무원도 서비스를 할 때에는 승객 쪽으로 몸의 방향을 돌려 정면으로 응대할 수 있도록 한다.
- 기내식 서비스가 진행되면서 Skip되는 승객이 있는지 확인하고, 주무시거나 용무를 보는 경우 Service Sticker를 부착하여 빠짐없이 식사 서비스를 제공하도록 한다.

한식 상단의 국 용기

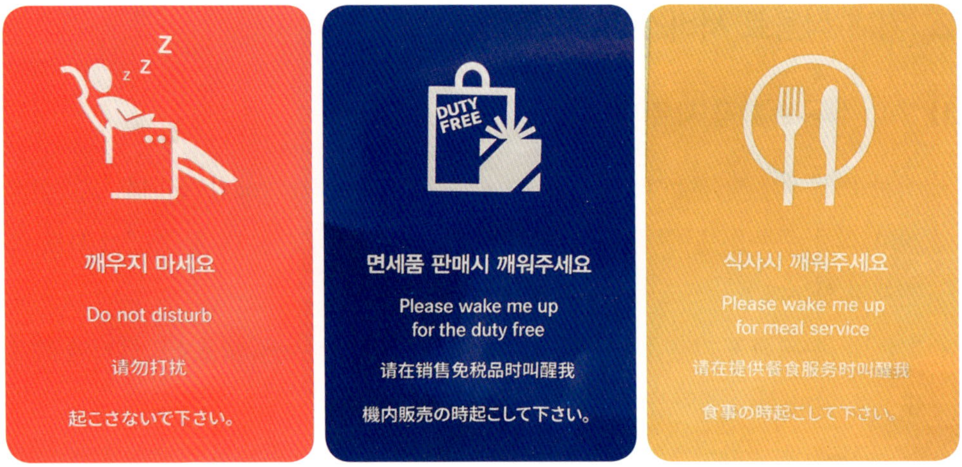

Service Sticker

- 한식에 국이 제공되는 경우 Pot에 담아 뜨거운 국 용기에 부어 드리게 되는데, 뜨거운 국물이 넘치거나 튀어 승객이 화상을 입지 않도록 각별히 주의한다.
- 이때 "뜨겁습니다. 조심하십시오"라는 멘트를 꼭 덧붙이도록 한다.

2) 기내 식음료 회수 시 주의사항

- 식사를 먼저 끝낸 승객의 식사 트레이를 개별적으로 회수하고, 회수 중 커피나 차를 계속 드시는 승객에게는 냅킨을 제공하여 컵 아래에 받치도록 말씀드린다.
- 식사 트레이 회수 시 "식사는 어떠셨습니까? 맛있게 드셨습니까?" 같은 대화를 승객과 나눈다.
- 승객의 머리 위로 회수하지 않으며, 가벼운 대화를 하며 회수한다. (승객 한 분당 한 번 정도의 대화가 오가도록 하는 것이 좋다.)
- 차를 다 드신 승객에게는 "따뜻한 차 한 잔 더 하시겠습니까?"라고 친절하게 여쭈며 잔을 회수한다.
- 회수가 끝날 때쯤에는 승객들의 화장실 이용이 급증하므로 식음료를 회수하는 동안 담당 구역(Zone)의 승무원 한 명은 화장실 클리닝(Cleaning)과 점검을 실시한다.

⊙ 국제선 서비스

항공사 업무 용어 및 약어

Amenity Kit 기내에서 제공되는 승객 여행 편의용품으로, 칫솔, 치약, 슬리퍼, 파우치 등으로 구성된다.

APU(Ausiliary Power Unit) 항공기 꼬리 부분에 달려 있는 보조 동력장치로, 외부 동력 지원이 없을 때 자체적으로 전원을 공급할 수 있는 장치

ATA(Actual Time of Arrival) 실제 도착시각

ATD(Actual Time of Departure) 실제 항공기 출발시각

Baby Bassinet 유아 동반 승객의 편의를 위해 제공되는 아기용 요람이며, 체중 11kg, 신장 75cm 미만의 유아에게 제공

Baggage Check 항공권의 일부로 여행객이 예약 수하물의 운송을 약속하고, 그 여행객의 수하물에 대해 항공사가 발행하는 수하물증

Baggage Claim Tag 위탁 수하물의 식별을 위해 항공사가 발행하는 수하물 증표

Block Time 항공기가 움직이기 시작(Push Back)해서 다음 목적지에 착륙하여 정지(Engine Shut Down)할 때까지의 시간

Boarding Music 승객 탑승 및 하기 시 PA System을 이용하여 들려주는 배경 음악

Boarding Pass 탑승권

Boarding Time 각 항공사 카운터에서 항공권을 탑승권과 교환하여 CIQ를 통과한 후 항공기가 출발하기 전에 승객이 기내에 탑승할 수 있는 시간

Cabin Report 해당 편 객실 사무장이 승객과 연관된 불만/제언 사항 혹은 비행 중 발생한 특이사항 중 유관부서의 참고 및 후속 조치가 필요한 사항을 기재하는 온라인 양식

Catering 기내에서 서비스되는 기내식 음료 및 기내 용품을 공급하는 업무로, 항공사 자체가 기내식 공장을 운영하며 Catering을 행하는 경우도 있으나 대부분은 Catering 전문회사에 위탁

Ceiling Compartment 객실 천장 안에 매립되어 설치된 수납공간으로, 항공기 비상장비나 기내 서비스용 물품을 보관하는 장소

Celestial Bar A380-800 항공기 Upper Deck 최후방에 위치한 상위클래스 탑승객의 전용 휴식공간

Charter Flight 공표된 스케줄에 따라 특정 구간을 정기적으로 운항하는 정기편 항공 운송과 달리 운항구간, 운항시기, 운항스케줄 등이 부정기적인 항공운송 형태를 의미

CIQ Customs(세관), Immigration(출입국), Quarantine(검역)의 첫 문자로 정부기관에 의한 출입국 절차 심사를 의미

Class Divider 커튼을 포함하여 각 객실 등급(Cabin Class)을 구분하는 모든 기내 설비를 의미

Cleaning Coupon 비행 중 급격한 기류변화, 승무원의 실수 등으로 승객의 의복이 오염 또는 훼손되었을 때 이에 대한 금전적 보상으로 승객에게 지급하는 쿠폰

CM(Cargo Manifest) 관계당국에 제출하기 위해 항공기 등록번호, 비행편수, 출발지, 목적지, 화물의 개수와 중량 · 품목 등 탑재된 화물의 상세한 내역을 기재한 적하목록

Coatroom 기내에서 승객의 의복이나 의류 운반용 가방을 보관할 수 있도록 개인용 옷걸이를 비치해 놓은 의류 보관 전용 공간

Complaint 승객이 불만을 표시하는 행위

Connection Time 어떠한 지점에 도착한 항공기에서 연결 항공편으로 갈아타는 데 필요한 시간

Crewnet 객실 승무원에게 업무 지시와 공지사항을 전달하고, 비행 업무에 필요한 각종 안전 및 서비스 관련 정보, 스케줄, 보고서(Report) 작성, 메일 등 다양한 정보와 기능을 제공하는 인터넷 포털 사이트

CRS(Computer Reservation System) 항공사가 사용하는 예약 전산 시스템으로, 단순한 예약기록의 관리만이 아니라 각종 여행 정보를 수록하여 정확하고 광범위한 대고객 서비스를 가능하게 하는 시스템

Declaration of Indemnity 동반자가 없는 소아 관광객, 환자, 기타 면책사항에 관해 만일의 어떠한 경우에든 항공사에 책임을 묻지 않겠다는 요지를 기입한 보증서

De-Icing Truck 항공기 제설, 제빙, 방빙, 세척 장비

Deportee(DEPO) 강제 추방자로, 합법, 불법 여부를 막론하고 일단 입국한 후 관계당국에 의해 강제로 추방되는 승객

Diversion 목적지 변경, 목적지 기상 불량 등으로 다른 비행장에 착륙하는 것

E/D Card(Embarkation/Disembarkation) 출입국 신고 카드

Embargo 어떤 항공사가 특정 구간에 있어 특정 여객 및 화물에 대해 일정 기간 동안 운송을 제한 또는 거절하는 것

Endorsement 항공사 간에 항공권의 권리를 양도하기 위한 것으로, 항공권에 지정된 탑승 구간에 다른 항공사로 옮기는 것

ESTA(Electronic System for Travel Authorization) 전자여행허가제도로 미국 비자면제 프로그램을 의미한다. 미국을 여행하는 목적이 사업 또는 관광이고 미국에서 90일 혹은 그 이하의 기간을 체류할 때 미국 비자를 신청하지 않고 전자여행허가제도를 이용할 수 있다.

ETA(Estimated Time of Arrival) 도착 예정시각

ETD(Estimated Time of Departure) 출발 예정시각

Excess Baggage Charge 무료 수하물량을 초과하는 경우에 부과되는 수하물 요금

Extra Section/Flight 정기적으로 운항하지 않고 필요시마다 설정, 운항하는 부정기 항로나 비행편

FAK(First Aid Kit) 기내에 탑재되는 응급 처치함

Family Care Service 해외여행 시 도움을 필요로 하는 고객을 위해 공항 출발시점부터 목적지 공항 도착, 타 항공사 연결 시까지 완벽한 Escort Service가 이루어질 수 있도록 예약, 발권, 운송 및 객실 등 전 분야에 걸쳐 제공되는 Total Service

Ferry Flight 유상 탑재물을 탑재하지 않고 실시하는 비행을 말하며 항공기 도입, 정비, 편도, 전세 운항 등이 이에 속한다.

FOC(Free Of Charge) 무료로 제공받은 티켓으로 SUBLO와 NOSUBLO로 구분

Free Baggage Allowance 여객운임 이외에 별도의 요금 없이 운송할 수 있는 수하물의 허용량

Excess Baggage 무료 수하물의 허용량(Free Baggage Allowance)을 초과하는 수하물

Galley Briefing 이륙 후 기내 서비스 시작 전과 항공기 도착 전의 적정 시점에 객실 등급별 선임 객실 승무원이 주관하여 승객 및 기내식 관련 정보를 공유하고 서비스 이행 내용을 확인하는 업무 절차

Galley Duty 객실 승무원이 기내 업무 수행 시 담당하는 직무의 한 형태로, 담당 구역의 전체적인 서비스를 주관하고 주로 갤리에서 기내식 제공을 위한 제반 준비 업

무를 수행

Galley Information Sheet 비행 중 고객 응대 관련 유의사항을 전 승무원이 효율적으로 공유하고 대고객 업무 수행 시 활용하기 위해 비행 중 각 갤리에 부착하여 운영하는 양식

Galley 비행 중 승객에게 제공할 서비스 용품을 보관하고 서비스를 준비하는 곳

G/D(General Declaration) 항공기 출항허가를 받기 위해 관계기관에 제출하는 서류의 하나로, 항공편의 일반사항, 승무원 명단과 비행상의 특이사항 등을 기재

General Report 객실 승무원이 비행 중 발생한 일반적인 사안 혹은 특이사항 중 본부 내 후속 조치가 필요한 사항에 대해 보고하거나 업무 절차 개선을 위한 아이디어를 회사에 제안하는 온라인 양식

G/H(Ground Handing) 지상 조업, 항공 화물, 수하물 탑재, 하역작업 및 기내 청소 등의 업무

Giveaway 기내에서 탑승객에게 제공되는 탑승 기념품

Go Show 예약이 확정되지 않은 승객이 해당 비행편의 잔여 좌석 발생 시 탑승하기 위해 공항에 나오는 것

GPU(Ground Power Unit) 지상에 있는 비행기에 외부로부터 전력을 공급하기 위해 교류 발전기를 장착한 전원장치

Ground Time 한 공항에서 어떤 항공기가 Ramp In해서 Ramp Out하기까지의 지상 체류시간

Hand Carried Baggage 출국 수속 시 여행객이 기내에 가지고 탑승할 수 있는 수하물

Hangar 격납고, 항공기의 정비를 위해 사용하는 건물

IATA(International Air Transportation Association) 세계 각국 민간 항공사들의 단체로, 항공 운송의 발전, 안전하고 경제적인 항공 운송, 회원사 간 우호 증진을 목적으로 한다. 1945년에 결성되어 항공 운임 결정 및 항공사 간 운임 정산 등의 업무를 수행

ICAO(International Civil Aviation Organization) 국제연합의 전문기구 중 하나로 국제 민간 항공의 안전 유지, 항공 기술의 향상, 항공로와 항공 시설의 발달, 촉진 등을 목적으로 1947년에 창설되었다. 한국은 1952년에 가입하였으며 본부는 캐나다의 몬트리올에 위치

Immigration 여행자의 출입국 관리를 총괄적으로 담당하는 정부기관

Inadmissible Passenger(INAD) 사증 미소지, 여권 유효기간 만료, 사증 목적 외 입국 등 입국 자격 결격사유로 입국이 거절된 승객

In-between Snack 장거리 노선에서 정규식사 외에 영화 상영, 승객 휴식 및 수면, 기내 판매 같은 시점에 제공되는 간단한 음식이다. 예를 들면 기내에서 제공하는 피자, 브리토, 새우깡, Chips, 삼각김밥, 샌드위치 등이 있다.

In Bound/Out Bound 임의의 도시 또는 공항을 기점으로 들어오는 비행편과 나가는 비행편을 일컫는 용어

Infant Fare IATA 규정에서 2세 미만의 유아에게 적용되는 운임으로, 성인요금의 10% 수준에서 결정

IRR Irregular의 약어

Itinerary 여객의 여행 개시부터 종료까지를 포함한 전 구간

Joint Operation 영업효율을 높이고 모든 경비의 합리화를 도모하여 항공 협정상의 문제 해결이나 경쟁력 강화를 위해 2개 이상의 항공사가 수행하는 공동 운항

L/F(Load Factor) 공급 좌석에 대한 실제 탑승객의 비율(탑승객 전체 공급 좌석 100을 기준으로)

Loading 탑재

Load Plan 화물 탑재 계획

Local Time 표준시(GMT)에 대한 현지 지방의 시간을 말하는 것으로, 모든 운송기관, 즉 관광 여행자의 운송에 참여한 교통기관이 발간하는 시간표에는 출발시각과 도착시각이 모두 현지시간으로 기록된다.

Magazine Rack 기내에 탑재된 신문과 잡지를 비치해 두는 곳을 말하며 구역(Zone)별로 객실 후방에 장착된다.

Non Stop 무착륙 또는 도중에 기항하지 않는 항공 운항, 즉 목적지까지 중간 기항지 없이 비행하는 것

No Show 예약이 확정된 승객이 당일 공항에 나타나지 않는 것을 의미

NO SUBLO(No Subject To Load) 무상 또는 할인요금을 지불한 승객이지만 일반 유상 승객과 같이 좌석 예약이 확보되는 것

On-board Wheelchair 기내에서 장애인 승객이 화장실 이용 시 및 기타 이동 수단으

로 사용할 수 있도록 탑재되는 휠체어

Over Booking 특정 비행편에 판매 가능한 좌석의 수보다 예약자의 수가 더 많은 상태

Overhead Bin 객실 천장 및 벽면 윗부분에 돌출되어 설치된 휴대 수하물 보관 전용 수납공간

Passenger Information Sheet 승객에게 비정상적인 상황이 발생한 경우, 연결편 및 귀국편 항공기에서 원활한 고객 응대가 가능하도록 해당 정보와 필요한 조치사항을 작성하여 인계하는 서류

PA System 비행 중 각종 서비스 및 안전 관련 안내사항, 항공 여행에 필요한 정보 및 Boarding Music 등을 기내에 설치된 스피커를 통해 승객에게 전달하는 방송 시스템

PAX(Passenger) 승객

PNR(Passenger Name Record) 승객의 예약 기록 번호

Pre Flight Check 승객이 탑승하기 전에 객실 승무원이 담당 임무별 객실 안전 및 기내 서비스를 위해 준비하는 시간으로, 비상장비, 서비스 기물 및 용품 점검, 객실의 항공기 상태 등을 확인, 준비

Push Back 항공기가 주기되어 있는 곳에서 출발하기 위해 후진하는 동작으로, 항공기는 자체의 힘으로 후진하는 것이 불가능하므로 견인차(Towing Car)를 이용하여 후진

Quick Turn Flight 지상 체류시간이 짧은 운항편

Ramp Out 항공기가 공항의 계류장에 체재되어 있는 상태에서 출항하기 위해 바퀴가 움직이기 시작하는 상태

Refund 사용하지 않은 항공권에 대해 전체나 부분의 운임을 반환해 주는 것

Repair Tag 객실 승무원이 기내에서 사용하는 기물이나 카트(Meal, Liquor 등) 등에 고장이 발생한 경우, 모기지 도착 후 수리가 가능하도록 편수, 날짜 및 고장 내역을 자세히 기입하여 고장 부위에 부착하는 태그

Serving Cart 객실 승무원이 승객에게 기내식을 비롯하여 각종 서비스 용품을 제공할 때, 제공 물품의 종류를 좀 더 용이하게 보여 주기 위해 사용하는 Trolley 형태의 기물

Ship Pouch 기내 반입 제한 물품(Restricted Item)과 부서 간 전달 서류 등을 넣는 가방(Bag)으로 출발 전에 사무장이 운송부 직원에게 인수하여 목적지 공항에 인계

Ship Side 항공기 부근

SHR(Special Handling Request) 특별한 주의가 필요한 승객의 정보가 기록된 자료

Special Meal Sticker 기내식 서비스 시 승객이 요청한 Special Meal을 식별하여 정확히 전달할 목적으로 부착하는 스티커

S/T(Stretcher) 환자용 침상

STA(Scheduled Time of Arrival) 공시된 시간표(Time Table)상의 항공기 도착 예정시간

STD(Schedule Time of Departure) 공시된 시간표상의 항공기 출발 예정시간

Step Car 승객 승 · 하기 장비

Stop Over 여객이 출발지와 종착지 간의 중간 지점에서 체류하는 것을 의미하며, 요금 종류에 따라 불가능한 경우가 있다.

SUBLO(Subject To Load) 예약과 상관없이 공석이 있는 경우에만 탑승할 수 있는 무임 또는 할인운임 승객의 탑승 조건(항공사 직원 등)

Take Off 이륙

Taxing Push Back을 마친 항공기가 이륙하기 위해 이동하는 움직임으로, 그 경로를 Taxi Way라고 한다.

Transit 여객이 중간 기착지에서 항공기를 갈아타는 것

Tray Basis Service 객실 승무원이 기내에서 서비스되는 물, 주스, 청량음료 등을 Tray에 준비하여 제공하는 서비스 방식

TWOV(Transit Without Visa) 항공기를 갈아타기 위해 짧은 시간 체재하는 경우에 비자를 요구하지 않는 것

UM(Unaccompanied Minor) 성인을 동반하지 않고 혼자 여행하는, 최초 여행일 기준 5세 이상 12세 미만의 유 · 소아

Upgrade 상급 클래스로의 등급 변화를 말하며, 탑승객의 의사에 따라 행하는 경우와 회사의 형편상 행하는 경우가 있으며 후자의 경우 추가 요금을 징수하지 않는다.

VIP(Very Important Person) 귀빈

VWA(Visa Waiver Agreement) 양 국가 간에 관광, 사업 등 단기 목적으로 여행 시 협정 체결 국가에 비자 없이 입국이 가능하도록 한 협정

W/B(Weight & Balance) 항공기의 중량과 중심 위치를 실측 또는 계산에 의해 산출하는 것

Winglet 비행기의 주날개 끝에 달린 작은 날개

PART 01

착륙 전 서비스

rbkomar / Getty Images

CHAPTER 01 입국 서류 배포 및 작성 지원

입국 서류 이해하기

대한민국 입국 서류 작성하기

입국 서류 배포 방법

CHAPTER 02 기내 용품 회수

기내 용품 회수하기

기내 용품 회수 방법

회수 기내 용품의 상태 파악 및 보관하기

CHAPTER 03 기내 서비스 용품 회수 및 면세품 재고 확인

갤리 브리핑(Galley Briefing)

기내 서비스 용품 재고 확인하기

면세품 재고 확인하기

착륙 전 기내 최종 점검

입국 서류 배포 및 작성 지원

CHAPTER 01

학습목표

- 도착지 국가의 출입국 규정을 이해하고, 승객에게 안내할 수 있다.
- 도움이 필요한 특수 고객에게 입국에 필요한 서류의 작성 여부를 점검하고 지원할 수 있다.

Airline News!

뭘 샀는지 세관이 다 안다 … 기내 면세품 감시 강화

종래에는 물품을 출국장 면세점에서 600달러어치 사고, 다시 기내 면세점에서 600달러어치 사도 세관에서 가려내기가 어려웠다. 그러나 9월부터는 이런 사각지대가 줄 것으로 보인다. 관세청이 관련 규정을 바꿔 비교적 느슨했던 기내 면세품 감시까지 엄정해져 모든 기내 면세품 판매 내역을 제출받기로 했기 때문이다.

출처: JTBC News 2019.05.29.

Sorbis / Shutterstock.com

공항 입국 신고 표시등

목적지 공항 도착 약 40분 전 기장의 도착 안내 방송(Arrival Information)이 실시되면 방송 담당 승무원은 목적지 국가의 출입국 서류의 점검과 헤드폰 회수를 알리는 방송을 실시한다. 이에 따라 객실 승무원은 자신의 담당 구역 승객에게 입국에 필요한 서류를 작성하였는지 확인하고, 도움이 필요한 분이 있는지 확인한다.

도착 전 항공기에서 입국 서류를 작성하는 것은 승객의 신속한 입국 절차를 위해 중요한 일이기에 객실 승무원은 도착 국가의 입국 절차를 정확히 숙지하고, 안내할 수 있도록 한다. 이 장에서는 입국 서류에 대한 기본 정보를 확인해 본다.

입국 절차에 필요한 CIQ

1. 입국 서류 이해하기

항공기를 이용하여 최종 목적지에 도착하는 여행객들은 도착지 국가에서 입국에 요구되는 필요 서류를 작성해야 한다. 모든 국가에는 출입국과 관련된 세관(Customs), 입국(Immigration), 검역(Quarantine)의 절차를 모두 통과해야만 자국으로의 입국이 허가되는 입국 절차가 있다.

입국 절차에 응하기 위해 비행기에 탑승한 승객들은 승무원의 협조에 따라 세관, 입국, 검역 절차에 응할 서류를 작성해야만 한다. 따라서 입국 서류는 국가별 세관, 입국, 검역 절차의 요구에 따라 작성해야 할 서류이며, 각 국가마다 서류의 종류가 다르다.

입국과 관련된 3가지 절차에서 요구되는 서류를 자세히 살펴보면 다음과 같다.

입국 순서

1) 세관(Customs)

고대의 항만시설이나 창고와 같은 특정 지역을 이용하거나 통과하는 운송 화물, 통행 여객들에게 사용료나 수수료와 같은 세금을 국가에게 지불하는 관습적인 지급(Customary Payment)을 표현하는 의미로 '커스텀스(Customs)'로 불린 것이 오늘날의 세관 혹은 관세의 어원이 되었다. 세관 절차에는 해당 국가에서 정해 놓은 세관 서류를 작성하거나 구두로 신고하는 제도가 있으며, 국가마다 다양한 정책을 실시한다.

면세 허용량은 국가마다 다르기 때문에 비행 전 목적지 국가의 면세에 관련한 규정을 잘 숙지해야만 한다. 또한 면세 허용량을 거주자와 비거주자에게 차별적으로 적용하는 국가들이 있으므로 이를 꼼꼼히 확인해야 한다. 신고 대상 물품은 반드시 신고해야 하며, 만약 신고하지 않아 적발될 경우 처벌을 받을 수 있다.

2) 입국(Immigration)

입국(Immigration)은 '안으로 들어오다', '제거하다'라는 의미의 라틴어 동사 Immigro에서 파생된 단어이다. Immigro는 '이주하다'라는 의미의 라틴어 동사 Migro에 '안(으로)'을 뜻하는 접두사 In-(Im-)이 결합되어 생성된 단어이다.

따라서 입국이란 법적으로 출입국에 관련한 문제가 없는지 확인하고 승인하는 절차를 의미하고, 여권과 출입국 서류, 탑승권을 제출하여 심사를 받게 된다. 입국한 모든 승객은 내국인과 외국인으로 구분된 입국 사열대를 이용해서 입국에 관련한 자격심사를 받게 된다. 자격 심사에 지장이 없을 때 입국이 허가된다.

3) 검역(Quarantine)

Quarantine이란 단어의 어원은 숫자 '40'과 밀접한 관련이 있다. 이 단어는 중세 유럽에 흑사병(Mors Atra)이 유행할 때 베네치아에서 전염병 예방을 위해 입국하려는 선박을 '40일' 동안 항구에 묶어 둔 데에서 비롯되었다. 즉 40을 뜻하는 라틴어 'Quadraginta'(이탈리아어 Quarantina)가 변화되어 영어 단어 Quarantine이 된 것이다. 40일간 항구에 묶어 둔 이유는 로마 가톨릭에서 숫자 40을 신성하게 여기며, 메소포타미아 문명 당시부터 40을 신성한 숫자로 인식해 왔기 때문이다.

출입국 절차에서 검역은 전염병의 확산을 막기 위해 차량, 선박, 비행기 및 승객, 승무원, 짐 등에 대해 전염병 유무를 진단, 검사하고 소독하는 절차를 의미한다. 전염병 감염지역으로의 여행 시 해당 질병에 대한 주사를 맞아야 하며 예방접종은 여행을 떠나기 2주 전에 해야 효력이 있다.

따라서 검역 신고서는 신고서 작성을 요구하는 국가의 경우에만 작성하도록 하며, 국가적으로 위험하다고 판단되는 질병이 만연한 경우에는 한국에 도착하는 모든 비행편에 검역 신고서 작성을 요구하기도 한다.

2. 대한민국 입국 서류 작성하기

국가별 입국 서류 작성 방법은 각각 상이하다. 또한 국가별 상황에 따라 변경되는 경우가 있으니, 모든 승무원들은 반드시 최신의 내용으로 갱신된 국가별 서류의 정보를 확인하고 비행에 임해야 한다. 입국 관련 서류는 앞서 학습한 바와 같이 세관, 입국, 검역에 관련한 서류를 기내에서 배포한다. 특히 검역 질문서가 필요한 제3국에서 출발한 경우 검역 질문서(건강에 관한 질문표)를 요구하므로, 해당 편의 승무원은 승객이 작성해야 할 서류를 꼼꼼히 확인해야 한다.

1) 세관

각 국가 입 · 출국 시 모두 세관 신고를 해야 하며, 우리나라를 포함하여 대부분의 나라들이 자진신고제도를 실시하고 있다. 출국 시에는 고가의 물품이나 미화 10,000달러 이상을 소지한 경우 여행객 휴대 물품 반출 신고(확인)서를 작성한다. 만일 신고하지 않고 출국할 경우 귀국 시 외국에서 구입한 것으로 간주되어 과세 등의 불이익을 당할 수도 있다.

- 대한민국에 입국하는 모든 여행자는 신고 물품이 없는 경우에도 반드시 여행자 휴대품 신고서(세관 신고서)를 작성해야 한다.
- 가족과 함께 입국하는 경우, 가족당 1장을 작성한다(직계 가족일 경우 해당).
- 기내에서 작성하지 못한 여행객은 입국장에서도 작성할 수 있으나, 신속한 입국을 위해 기내에서 배포하는 서류를 작성하는 것이 편리하다.
- 별송품이 있는 경우에는 세관 신고서를 2매 작성하여, 1매는 제출하고, 남은 1매는 입국 시 세관장의 확인을 받아 별송품 통관 시 통과지 세관장에게 제출한다.
- 입국 시에는 Dual Channel System을 도입하여 운영하고 있으며, 여행객이 스스로 세관 통로를 선택하여 세관 검사, 면세 선택을 한다.

별송품 및 자진신고제도

별송품이란?

여행자가 항공기나 선박을 이용하여 이동할 경우, 여행자와 별도로 반입되는 물품을 칭한다.

자진신고제도란?

자진해서 불법체류를 신고한 사람에게는 신고 통관, 신고 가격 인정, 세금 사후 납부 등 각종 편의를 제공한다.

여행자 휴대품 신고서 작성해 보기

여행자 휴대품 신고서

- 모든 입국자는 관세법에 따라 신고서를 작성·제출하여야 하며, 세관공무원이 지정하는 경우에는 휴대품 검사를 받아야 합니다.
- 가족여행인 경우에는 1명이 대표로 신고할 수 있습니다.
- 신고서 작성 전에 반드시 뒷면의 유의사항을 읽어보시기 바랍니다.

성 명			
생년월일		여권번호 (외국인에 한함)	
직 업		여행기간	일
여행목적	□ 여행 □ 사업 □ 친지방문 □ 공무 □ 기타		
항공편명		동반가족수	명
대한민국에 입국하기 전에 방문했던 국가 (총 개국) 1. 2. 3.			
국내 주소			
전화번호 (휴대폰)	☎ ( )		

세 관 신 고 사 항

– 아래 질문의 해당 □에 "✓"표시 하시기 바랍니다 –

항목	있음	없음
1. 해외(국내외 면세점 포함)에서 취득(구입, 기증, 선물 포함)한 면세범위 초과 물품(뒷면 1 참조) [총금액 : 약] *면세범위 초과물품을 자진신고하시면 관세의 30%(15만원 한도)가 감면됩니다.	□	□
2. FTA 협정국가의 원산지 물품으로 특혜관세를 적용받으려는 물품	□	□
3. 미화로 환산하여 $10,000을 초과하는 지급수단(원화·달러화 등 법정통화, 자기앞수표, 여행자수표 및 그 밖의 유가증권) [총금액 : 약]	□	□
4. 총포류, 도검류, 마약류 및 헌법질서·공공의 안녕질서·풍속을 해치는 물품 등 반입이 금지되거나 제한되는 물품(뒷면 2 참조)	□	□
5. 동물, 식물(과일·종자·묘목 등), 축산물가공품(햄·육포·알 등) 등 검역대상물품 또는 가축전염병발생국의 축산농가 방문 ※가축전염병발생국의 축산농가 방문자는 농림축산검역본부에 신고하시기 바랍니다.	□	□
6. 판매용 물품, 업무용 물품(샘플 등), 다른 사람의 부탁으로 반입한 물품, 예치 또는 일시수출입 물품	□	□

본인은 이 신고서를 사실대로 성실하게 작성하였습니다.

년 월 일

신고인 : (서명)

85mm×210mm (백상지 120g/m²)

[신고물품 기재란]

▶ 술 · 담배 · 향수 (면세범위를 초과하는 경우에만 전체 반입량을 적습니다)

술	( )병, 총( )ℓ, 금액 US ( )$		
담 배	( )갑(20개비 기준)	향 수	( )mℓ

▶ 그 밖의 면세범위 (US $600) 초과 물품

품 명	수(중)량	금 액

1. 휴대품 면세범위

▶ 술 · 담배 · 향수 (품목별 각각 적용)

술	담 배	향 수
1병 (1ℓ이하로서 US $400이하)	200개비	60mℓ

* 만19세 미만인 사람에게는 주류 및 담배를 면세하지 않습니다.

▶ 기타 물품 (합산가격 기준 적용)

US $600이하
(자가 사용, 선물용, 신변용품 등으로 한정합니다.)

* 다만, 농림축산물, 한약재 등은 10만원 이하로 한정하며, 품목별로 수량 또는 중량에 제한이 있습니다.

2. 반입이 금지되거나 제한되는 물품

- 총포(모의총포) · 도검 등 무기류, 실탄 및 화약류, 방사성물질, 감청설비 등
- 메트암페타민 · 아편 · 헤로인 · 대마 등 마약류 및 오 · 남용 우려 의약품
- 헌법질서 · 공공의 안녕질서 · 풍속을 해치는 물품 및 정부의 기밀을 누설하거나 첩보활동에 사용되는 물품
- 위조(가짜)상품 등 지식재산권 침해물품, 위조지폐 및 위 · 변조된 유가증권
- 웅담, 사향, 녹용, 악어 가죽, 상아 등 멸종위기에 처한 야생 동식물 및 관련 제품

3. 검역대상물품

- 살아있는 동물(반려견 등), 수산동물(물고기 등), 축산물가공품(식육 · 육포 · 순대 · 소시지 · 햄 · 치즈 · 알 등)
- 흙, 과일류(망고 · 라임 · 사과 등), 채소류(고추 등), 견과류(호두 등), 종자류, 묘목류 등

* 미신고 시 관련 법령에 따라 과태료 등이 부과될 수 있습니다.

※ 유의사항

- 성명은 여권의 한글 또는 영문명으로 적으시기 바랍니다.
- 신고 대상 물품을 신고하지 않거나 허위신고 또는 대리반입하는 경우 「관세법」에 따라 5년 이하의 징역 또는 해당물품 유치, 가산세 부과(납부세액의 40%, 2년이내 2회 초과할 경우에는 60%), 통고처분 및 해당물품 몰수 등 불이익을 받게 됩니다.
- FTA 협정 등에 따라 일정 요건을 갖춘 물품은 특혜 관세를 적용 받을 수 있으며, 다만 사후에 특혜관세를 신청하려는 경우에는 일반 수입신고가 필요합니다.
- 그 밖의 궁금하신 사항은 세관공무원 또는 ☎125로 문의하시기 바랍니다.

여행자 휴대품 면세 한도

구분	면세 물품	면세 한도	비고
기본 면세	해외 취득 물품 합계액	미화 600$(국내 면세점 구입 물품 포함)	자가 사용, 선물용, 신변 용품 등에 한함 타인 판매 목적의 '상품'은 과세
추가 면세	주류	1병	용량 1ℓ 이하(400$ 이하)
	궐련	200개비	20개비 10갑, 1보루(가격 제한 없음)
	향수	60ml	가격 제한 없음

여행자를 위한 면세 상식

우리나라의 면세 범위는 총 600달러이다. 초과하는 경우, 차액에 대해 과세하게 된다.

2) 입국

대한민국에 입국하는 외국인은 입국 심사를 받아야 하며, 입국 심사 시에는 대한민국 입국 신고서와 여권을 제시해야 한다. 대한민국에 입국하는 내국인의 경우, 입국 신고서를 작성할 필요가 없다.

- 입국 신고서는 E/D Card(Embarkation & Disembarkation Card)라 칭하며, 입국 및 출국 허가를 받는 서류이다.

입국 심사대

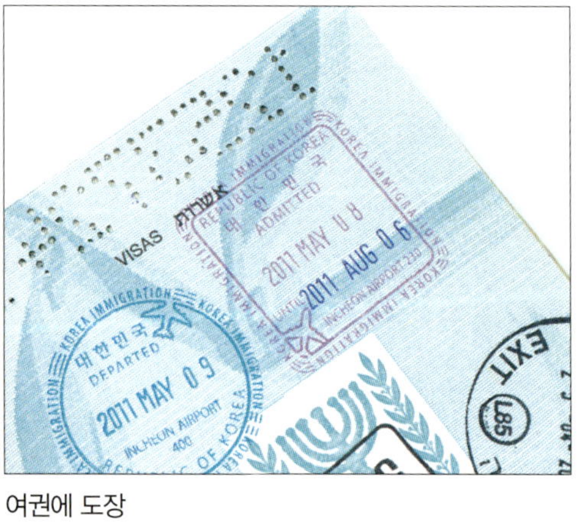

여권에 도장

- 외국인은 입국 신고서를 작성한다.
- 내국인과 90일 이상 장기체류를 목적으로 외국인 등록을 마친 외국인일 경우, 입국 신고서는 작성하지 않아도 된다.
- 등록대상인 외국인일 경우, 입국일로부터 90일 이내에 관할 출입국 관리사무소에 외국인 등록을 해야만 한다.
- 단체사증의 중국 단체 여행객일 경우, 입국 신고서는 작성하지 않아도 된다(단, 청소년 수학 여행객은 제외).
- 작성 시에는 한국어나 영어로 작성한다.

(1) 대한민국의 입국 심사 절차

- 기내에서 입국 신고서를 작성하고, 만약 입국 신고서를 작성하지 않은 외국인은 심사 전에 입국 신고서를 작성한다.
- 대한민국 국민과 외국인은 심사대기 공간이 분리되어 있다. 대한민국 국민은 파란 선, 외국인은 빨간 선으로, 줄을 설 때 주의하여 입장해야 한다.
- 심사대 앞 차단문이 열리면 입장하여 심사를 받는다.
- 대한민국 국민은 여권을 제시하고, 외국인은 입국 신고서와 여권을 제시하여 심사관에게 심사를 받는다.

(2) 입국 신고서 작성법

입국 신고서의 경우, 외국인만 작성하므로 해당 내용을 숙지하고 안내한다.

- Family Name: 이름
- Given Name: 성
- Male/Female: 남성/여성
- Nationality: 국적
- Date of Birth: 생년월일
- Passport No.: 여권번호
- Home Address: 집 주소

입국 신고서 작성해 보기

ARRIVAL CARD ※ Please fill out in Korean or English.
入境卡(外国人用) ※ 请填写韩文或英文。

Ministry of Justice

Family Name / 姓	Given Name / 名	☐ Male / 男 ☐ Female / 女
Nationality / 国籍	Date of Birth / 出生日期 Y Y Y Y M M D D	Occupation / 职业

Address in Korea / 在韩地址 (☎ :)

※ 'Address in Korea' should be filled out in detail. (See the back side)
※ 必须填写'在韩地址'。(参考后面)

Purpose of visit / 入境目的	Signature / 签名
☐ Tour 观光 ☐ Visit 访问 ☐ Business 商务 ☐ Employment 就业 ☐ Others 其他 ( )	

< How to fill out the Arrival Card>

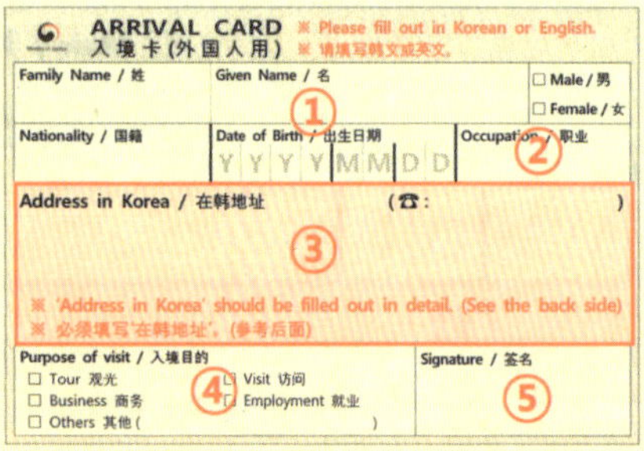

① Name, Date of Birth and Nationality on your passport

② Occupation(job) in your country

③ Address or accommodation where you are planning to stay in Korea

④ Purpose of entry into Korea

⑤ Your signature(autograph)

※ Choose one of the below examples of 'Address in Korea'.

Address in Korea	
▪ Hotel, Accommodation	**e.g.)** Seoul ○○ Hotel
▪ Address of acquaintance	**e.g.)** Myeong-dong, Jung-gu, Seoul 1
▪ Sponsor Company	**e.g.)** ○○ Corporation

KOREA IMMIGRATION SERVICE

- Occupation: 직업
- Address in Korea: 한국에서 머물 주소
- Purpose of Visit: 방문 목적
- Tour/Business/Conference/Visit/Employment/Official/Study/Others: 여행/사업/회의/방문/취업/공무/학업/기타
- Flight No.: 비행편명
- Port of Boarding: 탑승한 도시
- Signature: 서명

3) 검역

전염병의 발생 지역이나 의심 지역(아프리카, 중남미 등)에서 출발하여 대한민국에 입국한 항공기의 여행자는 건강상태 질문서를 작성하여 제출해야 한다. 전염병(조류독감, 사스, 신종인플루엔자 등)이 보고되는 경우, 검역이 강화된다.

(1) 여행자 검역

- 해외에서 대한민국으로 입국하는 모든 여행자는 검역 심사를 받게 된다.
- 동물 및 축산물을 가지고 입국한 경우, 검역 증명서를 제출하고 검역을 받아야 한다.
- 여행 중 설사나 복통, 구토나 발열 등의 증세가 있으면 신고한다.
- 귀가 후에도 설사나 발열 등의 증세가 있을 경우에는 검역소나 보건소에 신고한다.

(2) 동식물 검역

- 동물이나 축산물을 휴대하거나 가축농장을 방문한 여행자는 세관의 여행자 휴대품 신고서에 체크한 다음 검역관에게 제출한다.
- 수입 금지 국가로부터의 동물 및 축산물 반입은 금지되며, 미신고 시 과태료가 부과된다.

PhotonCatcher / Shutterstock.com

동식물 검역

(3) 수산물 검역

- 수산물을 휴대한 여행객은 세관의 여행자 휴대품 신고서에 체크하고, 검역관에게 제출하여 검역을 받아야 한다.
- 휴대한 수산 생물 미신고 시 최대 100만 원의 과태료가 부과된다.

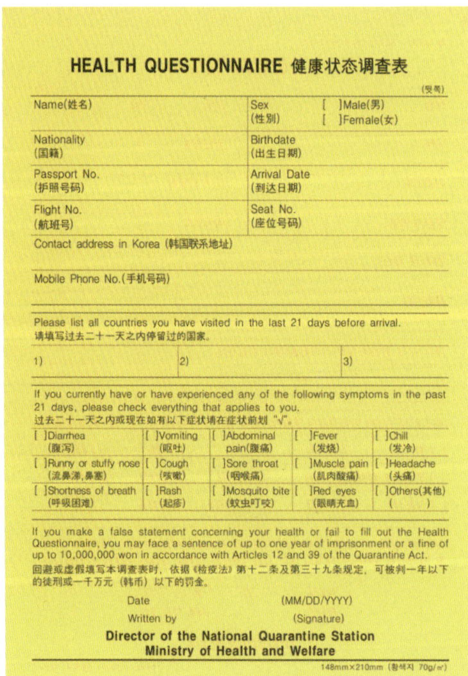

HEALTH QUESTIONNAIRE 健康状态调查表

(뒷쪽)

Name(姓名)	Sex (性别) [ ]Male(男) [ ]Female(女)
Nationality (国籍)	Birthdate (出生日期)
Passport No. (护照号码)	Arrival Date (到达日期)
Flight No. (航班号)	Seat No. (座位号码)

Contact address in Korea (韩国联系地址)

Mobile Phone No.(手机号码)

Please list all countries you have visited in the last 21 days before arrival.
请填写过去二十一天之内停留过的国家。

1)	2)	3)

If you currently have or have experienced any of the following symptoms in the past 21 days, please check everything that applies to you.
过去二十一天之内或现在如有以下症状请在症状前划 "√"。

[ ]Diarrhea (腹泻)	[ ]Vomiting (呕吐)	[ ]Abdominal pain(腹痛)	[ ]Fever (发烧)	[ ]Chill (发冷)
[ ]Runny or stuffy nose (流鼻涕,鼻塞)	[ ]Cough (咳嗽)	[ ]Sore throat (咽喉痛)	[ ]Muscle pain (肌肉酸痛)	[ ]Headache (头痛)
[ ]Shortness of breath (呼吸困难)	[ ]Rash (起疹)	[ ]Mosquito bite (蚊虫叮咬)	[ ]Red eyes (眼睛充血)	[ ]Others(其他) ( )

If you make a false statement concerning your health or fail to fill out the Health Questionnaire, you may face a sentence of up to one year of imprisonment or a fine of up to 10,000,000 won in accordance with Articles 12 and 39 of the Quarantine Act.
回避或虚假填写本调查表时，依据《检疫法》第十二条及第三十九条规定，可被判一年以下的徒刑或一千万元（韩币）以下的罚金。

Date (MM/DD/YYYY)

Written by (Signature)

Director of the National Quarantine Station
Ministry of Health and Welfare

148mm×210mm (황색지 70g/㎡)

건강상태 질문서 영문 예시

건강상태 질문서 작성해 보기

■ 검역법 시행규칙 [별지 제9호서식]

건강상태 질문서

(앞쪽)

성명	성별 [ ]남 [ ]여
국적	생년월일
여권번호	도착 연월일
항공기 편명	좌석번호
한국 내 주소	
휴대전화	

과거 21일 동안의 방문 국가명을 적어 주십시오.

1)	2)	3)

과거 21일 동안에 아래 증상이 있었거나 현재 있는 경우 해당란에 "√" 표시를 해주십시오.

[ ] 설사	[ ] 구토	[ ] 복통	[ ] 발열	[ ] 오한
[ ] 콧물 또는 코막힘	[ ] 기침	[ ] 인후통	[ ] 근육통	[ ] 두통
[ ] 호흡곤란	[ ] 발진	[ ] 모기물림	[ ] 눈충혈	[ ] 기타 ( )

건강상태 질문서 작성을 기피하거나 거짓으로 작성하여 제출하는 경우 「검역법」 제12조 및 제39조에 따라 1년 이하의 징역 또는 1천만원 이하의 벌금에 처해질 수 있습니다.

작성일 년 월 일

작성인 (서명 또는 인)

국립검역소장 귀하

148mm×210mm (황색지 70g/㎡)

3. 입국 서류 배포 방법

입국 서류를 배포하는 방법과 제공하는 서비스는 일반 승객과 특수 승객에 따라 차이가 있다. 일반 승객의 경우 입국 서류 작성을 지원하는 방법과 지원 서비스를 안내하는 자세를 알아보고, 특수 승객의 경우 특수 승객의 유형별로 제공해야 하는 배포 서비스를 자세히 알아본다.

1) 일반 승객의 입국 서류 배포 서비스

(1) 입국 서류 작성 지원 방법

- 입국 서류는 항공사에 따라 객실 승무원이 직접 수령하거나, 지상직원이 항공기로 가져와 객실 팀장에게 전달한다.
- 당일 탑승 승객의 국적에 따라 각각의 언어로 기재된 입국 서류가 탑재되었는지 확인한다.
- 탑재된 입국 서류는 객실 사무장이 배포해야 하는 적정 시점에 각 클래스별로 배포한다.
- 입국 서류 작성 확인 시 해당 국적의 승객이 작성할 수 있는 유형(영어, 한국어, 자국어)의 서류를 배포할 수 있도록 한다.
- 입국 서류는 검정 볼펜을 사용하여 (영어를 사용할 경우) 대문자로 작성할 수 있도록 안내한다.
- 타국 입국 시 해당 국적 언어 혹은 영어로 작성할 수 있도록 안내한다. 예를 들어, 일본 입국 시 한국인에게 한국어 서류를 배포한 후, 검정 볼펜으로 영어 대문자로 작성할 수 있도록 안내한다.
- 서류 작성 중 잘못 기재한 경우, 새 입국 서류를 재배포한다.

(2) 입국 서류 지원 서비스 시 안내 자세

- 입국 서류를 Small Tray에 올려서 볼펜을 가지고 기내로 나간다.
- "착륙 전에 입국 서류를 확인하겠습니다. 다 작성하셨습니까?"와 같은 대화문으로 승객에게 정중하게 다가선다.

- 승객을 응대할 때에는 승객의 눈높이에 맞추고, 아래로 내려다보거나 옆으로 흘겨보는 느낌을 주지 않도록 한다.
- 응대 시 표정을 밝게 하고 친절함과 신뢰감을 주는 음성으로 말한다.
- 표준어를 사용하며, 승객에게 맞는 어법과 높임말을 사용한다.
- 긍정적인 표현을 사용하며, 승객의 이야기를 경청할 때에는 공감하는 표현을 구사한다.
- 비언어적인 표현을 하여 무시하는 느낌을 주지 않도록 하며, 승객이 작성의 어려움을 표현할 때에는 적극적으로 작성에 협조한다.
- 입국 서류 작성을 머뭇거리는 승객에게는 먼저 다가가서 친절한 말투와 표정으로 서류 작성을 적극적으로 돕는다.
- 입국 서류는 반드시 작성해야 하는 서류임을 알린다.
- 승객이 질문이 많거나, 작성에 어려움이 있을 때에는 눈높이 자세로 앉아서 작성에 협조한다.
- 어린이 승객에게 반말을 하지 않도록 주의한다.
- 승객에게 잘 알지 못하는 질문을 받았을 때에는 정확하지 못한 정보의 제공을 피해야 하며, 상급자에게 문의하거나 업무 매뉴얼을 참고한 후 정확한 답변을 제공해야 한다.

2) 특수 승객의 입국 서류 배포 서비스

특수 승객은 입국 전 비행기에서 배포하는 입국 서류 작성을 어려워하는 경우가 많다. 객실 승무원은 각자 담당 구역의 특수 고객에게 적극적으로 다가가서 입국 서류 작성에 어려움이 있는지 확인해야 한다.

주의사항
서류 작성에 어려움이 있는지 먼저 다가가서 확인한 후, 도움이 필요한 경우 작성을 지원한다.

특히 아래의 고객에게는 조금 더 세심한 지원이 필요하다.

(1) 장애인 승객

장애의 유형에 따라 어떤 도움이 필요한지 판단한 후, 승객이 불편하지 않도록 승객에게 직접 도움이 필요한지 먼저 확인하고 나서 가까이 다가가 입국 서류 작성을 지원한다.

(2) 비동반 소아 승객(UM: Unaccompanied Minor)

보호자 없이 여행하는 만 5세 미만에서 만 11세 이하의 어린이 승객의 경우, 입국에 필요한 서류를 작성할 수 있도록 적극적으로 지원해야 한다. 작성 후 비동반 소아의 여권과 함께 봉투에 잘 넣어서 하기 시 운송 직원에게 인계한다.

(3) 노약자 승객

승무원은 자신의 담당 구역에 노약자 승객이 있는지 확인하고, 작성에 어려움이 없도록 적극적으로 지원한다.

(4) 유아 동반 승객

7세 미만의 유 · 소아 2명을 동반한 승객의 경우, 서류 작성에 불편함이 없도록 적극적으로 협조하고, 협조 요청을 하지 않은 경우에도 다가가서 도움이 필요한지 확인한 후 작성에 도움을 주도록 한다.

TWOV(Transit Without Visa) 승객의 입국 서류

- 비자를 받지 않은 통과 여객은 탑승과 동시에 지상 직원에게 해당 승객의 여권과 항공권을 받고 TWOV 봉투에 넣어 객실 사무장이 보관한 후, 중간 기착지 국가 도착 시 승객과 함께 봉투를 지상 직원에게 인계한다.
- 다시 최종 목적지로 출발한 후에 객실 사무장은 해당 승객에게 보관하고 있던 서류를 전달한다.

Question & Answer

1. 미국, 일본, 중국의 세관 규정에 대해 살펴보고 정리해 봅시다.

미국의 세관 규정

일본의 세관 규정

중국의 세관 규정

Level up Role Play 1

상황 **입국 서류 작성을 어려워하는 승객이 도움을 요청하는 상황**

Tip
- '작성이 어려울 수 있다'는 공감적 표현을 한다.
- 작성 방법을 친절히 안내한다.
- 지속해서 작성이 어려울 경우 승객의 여권을 보며 작성해 드린다.

응대 방법

응대 대화문

Level up Role Play 2

상황 **담당 구역에 UM이 있을 경우, 입국 서류 작성을 지원해야 하는 상황**

Tip

- 친근하게 다가가서 입국 서류 작성 여부를 확인한다.
- UM의 목에 걸려 있는 봉투를 열어서 여권을 확인한 후, 직접 작성해 주겠다고 안내한다.
- 작성을 도와준 후, 입국 서류를 다시 봉투에 넣어 보관하도록 한다.

응대 방법

응대 대화문

기내 용품 회수

CHAPTER 02

학습목표

- 착륙 준비를 위해 서비스한 기내 용품 중 회수할 물품을 파악한다.
- 회수된 기내 용품을 지정된 장소에 보관할 수 있다.

Airline News!

아직도 기내 담요 슬쩍? 무단반출했다가 '절도죄'

한 항공사에 따르면 한 달에 분실되는 기내용 담요가 만 장이 넘는다. 담요 외에 베개와 식기류, 헤드폰, 구명조끼 등 기내에서 사용하는 공동 물품을 무단으로 가져가는 행위는 엄연한 '절도죄'이며 법에 따라 6년 이하의 징역이나 1천만 원 이하의 벌금형을 받을 수 있다.

출처: MBC 뉴스 2019.01.18.

First Class Photography / Shutterstock.com

1. 기내 용품 회수하기

목적지에 도착하기 약 40분 전에 기장은 도착 안내 방송(Arrival Information)을 실시하며, 기내에서 모든 승무원은 모든 서비스의 종료 업무를 실시한다. 기내의 방송 담당 승무원은 착륙 준비를 위해 기내 용품 회수 안내 방송을 실시하여 객실 승무원의 헤드폰과 잡지 회수를 알리고, 승객들에게 협조를 부탁한다.

기내 용품 회수 방송문

손님 여러분, 착륙 준비를 위해 헤드폰과 잡지를 회수하겠습니다.
협조해 주시기 바랍니다.
Ladies and gentlemen, the cabin crew will collect headphones and magazines.
Thank you for your cooperation.

1) 기내 용품이란?

기내에는 승객에게 서비스용으로 제공되는 여러 가지 용품들이 있다. 기내 용품은 크게 서비스 아이템(Service Item)과 서비스 기물(Service Tools)로 구분할 수 있다. 서비스 아이템은 승객에게 제공한 후 회수할 필요가 없는 아이템이며, 서비스 기물은 승객에게 제공한 뒤 회수하여 다음 비행에 재사용이 가능한 물품을 일컫는다.

승객에게 제공되는 음료수, 물, 와인, 맥주뿐 아니라 귀마개, 빨대, 컵, 빵 등은 회수할 필요가 없는 서비스 아이템에 해당하며, Tray, 헤드폰, 유리잔, 접시, 독서물, 화장실 용품, 유아용 요람, 담요와 돋보기는 회수하여 재사용할 수 있는 서비스 기물에 해당한다. 또한 갤리(Galley)에서 서비스를 위해 필요한 커피 팟(Coffee Pot), 머들러 박스(Muddler Box), 와인 오프너(Wine Opener) 등은 승객에게 직접적으로 서비스되지 않지만 서비스를 용이하게 하는 기내 기물에 해당하며, 세척하여 재사용할 수 있도록 철저한 관리가 필요하다.

2) 기내 용품의 구분과 예시

기내 용품	서비스 아이템	• 승객에게 제공 후 회수할 필요가 없는 물품
	서비스 기물	• 승객에게 제공 후 회수할 필요가 있는 물품 • 승객에게 직접적으로 제공되지는 않지만, 서비스를 용이하게 하는 데 필요한 물품

⊙ 서비스 후 회수할 필요가 있는 서비스 기물 예시

돋보기

화장실 비치용 화장품

유아용 요람(Baby Bassinet)

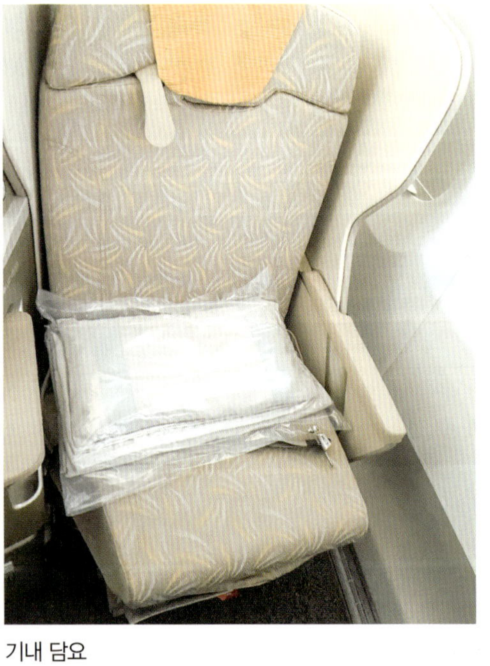

기내 담요

⊙ 서비스 후 회수할 필요가 없는 서비스 아이템 예시

주스

맥주, 콜라

차

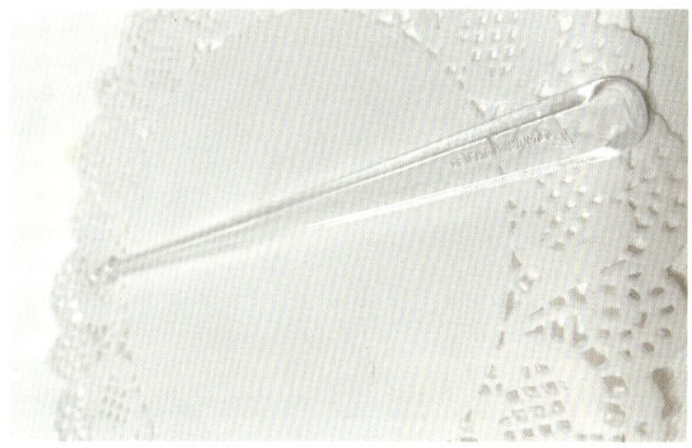
Coaster, Muddler

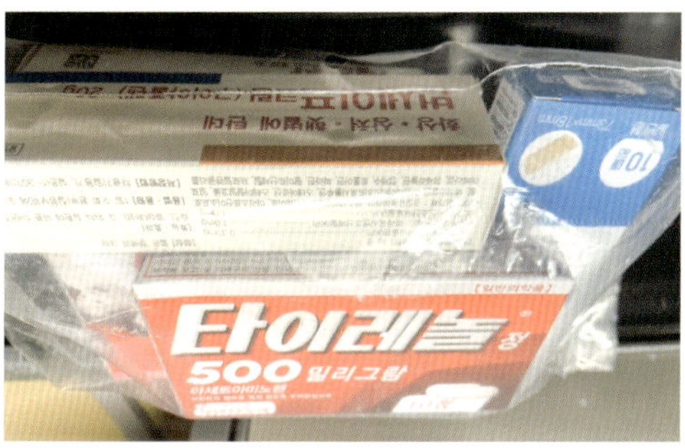

기내 약품

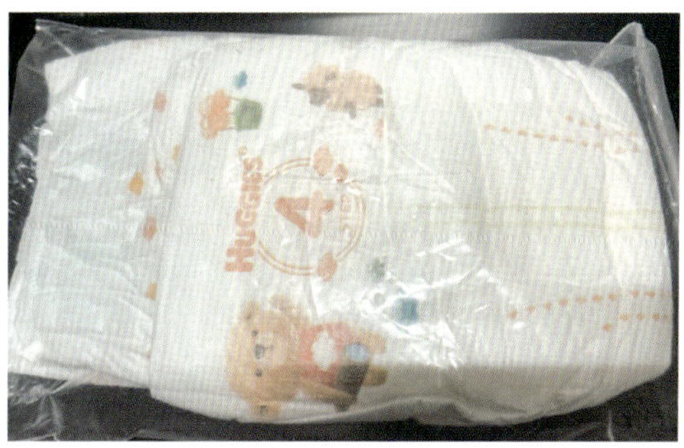

기저귀

Nuts

종이컵, 컵 뚜껑, 빨대

Child Giveaway

⊙ 서비스 시 사용되는 서비스 기물 예시

Trays

Basket

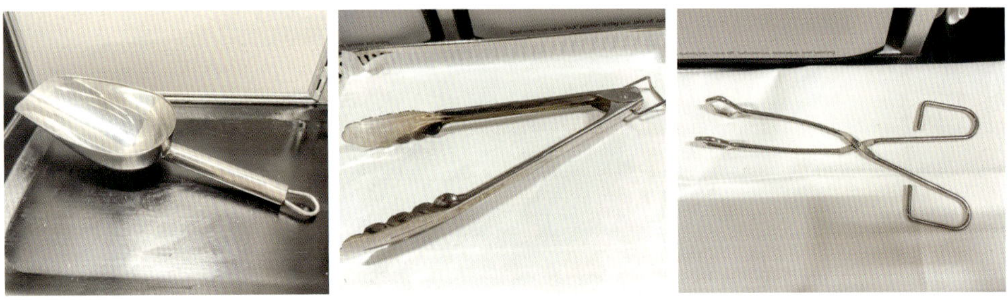

Tongs

Pots

Wine Opener

2. 기내 용품 회수 방법

방송 담당 승무원의 기내 용품 회수 방송에 따라, 밝은 표정과 정중한 자세로 승객에게 항공기가 곧 착륙함을 알리고 기내 용품 회수를 설명한다. 승객들에게 용품을 서비스한 후 회수할 때 주의해야 할 몇 가지 대표적인 사항을 살펴본다.

1) 헤드폰, 기내 독서물, 잡지 회수

- 담당 구역의 승무원은 서빙 카트(Serving Cart) 혹은 드로어(Drawer)를 사용하여 회수한다.
- 서빙 카트를 사용하여 회수할 경우, 승무원과 승객이 카트에 다치지 않도록 각별히 조심한다.
- 서빙 카트를 끌고 복도를 지나갈 때, 복도에 나와 있는 승객들의 다리와 물품에 부딪히지 않도록 조심하며 천천히 지나간다.
- 서비스되었던 기내 독서물은 승객에게 양해를 구한 후 회수한다.
- 기내 독서물과 잡지를 이용 중일 경우 무리하게 회수하지 않으며, 하기 시 좌석 주머니에 넣어 달라고 정중히 부탁한다.
- 만약 회수를 거부하는 승객이 있을 때에는 착륙 준비를 위해 꼭 필요한 절차임을 정중하고 예의 바르게 표현할 수 있도록 한다.
- 승객의 물건을 받을 때에는 표준어와 높임말을 사용하고, 어린아이에게도 정중한 언어로 표현해야 한다.
- 승객의 물건을 받을 때에는 두 손으로 받고 "감사합니다. 재미있게 보셨어요?"와 같은 말로 관심을 표현하는 것도 잊지 말아야 한다.
- 회수하는 승객 한분 한분과 아이 콘택트(Eye Contact)를 하며, 미소 띤 얼굴로 회수한다.
- 얼굴과 눈을 마주치지 않은 채 수거하는 모습은 업무적이며 긍정적이지 않은 이미지를 줄 수 있으므로 시선 처리에 주의한다.

2) 유아용 요람(Baby Bassinet) 회수

- 회수 시에는 미소 띤 얼굴로 다가가서 친절하게 표현한다.
- 유아용 요람은 승객의 안전을 위해 이륙 후에 설치되고 착륙 전에 회수됨을 정중하게 알린다.
- 회수 시에는 아이가 편하게 사용했는지에 대해 관심을 표현하는 것이 좋다.
- "착륙 준비를 위해 아이 요람을 회수하겠습니다. 괜찮으신지요? 아기가 편하게 잘 지냈나요?"와 같은 정중한 언어를 사용한다.

유아용 요람의 장착과 탈착

기내 용품 수거 시 나만의 대화법 만들어 보기

- 헤드폰 수거 시

- 유아용 요람 수거 시

기내 헤드폰

유아용 요람

3. 회수 기내 용품의 상태 파악 및 보관하기

회수 시에는 기본적으로 기내 용품의 파손 및 청결 상태, 수량 및 잔여량, 위치 등을 점검하고 원위치시키도록 하며 자세한 내용은 아래와 같다.

- 회수된 헤드폰은 사용된 것과 사용되지 않은 것을 구분하여, 정해진 가방에 담아 정해진 장소에 보관한다.
- 잡지는 탑재 시 실려 있던 지정된 가방에 넣어 보관한다.
- 잡지 회수 시 많이 훼손된 것은 따로 보관하여 인계할 수 있도록 한다.
- 기내 독서물은 탑재되었던 수량을 확인한 후, 항공사마다 별도로 지정된 보관함에 넣어 보관한다.
- 회수된 유아용 요람은 지정된 장소에 넣어 보관한다.
- 화장실 용품은 항공사에 따라, 착륙 후에 승객이 모두 하기한 다음에 회수하는 경우 혹은 기내 용품 회수 시점에 맞춰 회수하는 경우가 있다.
- 항공사마다 화장실 비치 용품은 상이하나 로션, 스킨, 워터 스프레이, 일회용 치약과 칫솔, 클렌징 티슈와 같은 용품은 회수 시 겉면을 깨끗하게 닦아서 탑재된 공간에 다시 보관하도록 한다.

Question & Answer

1. 다음과 같은 음료 서비스를 위한 Cart 차림에서 서비스 아이템과 서비스 기물을 구분해 봅시다.

서비스 아이템

서비스 기물

2. 다음은 승객에게 서비스되는 여러 가지 물품들이다. 명칭을 적어 보고, 회수되어야 하는 것에 V표를 해 봅시다.

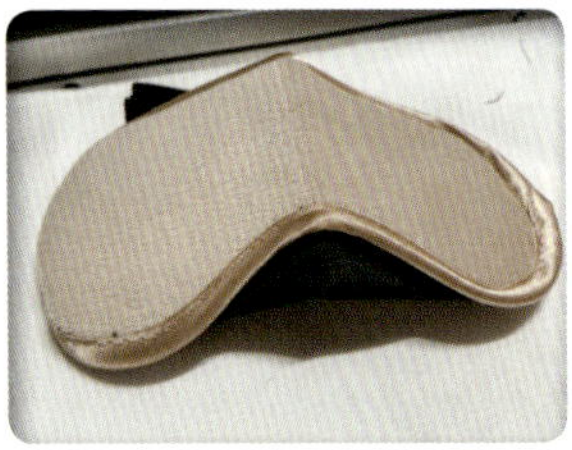

명칭 ______________________

회수 여부 ______________

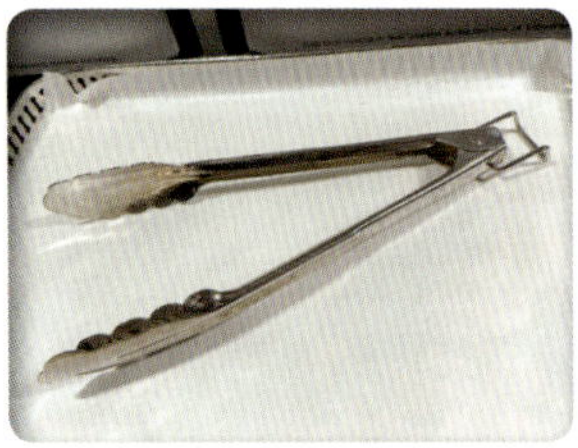

명칭 ______________________

회수 여부 ______________

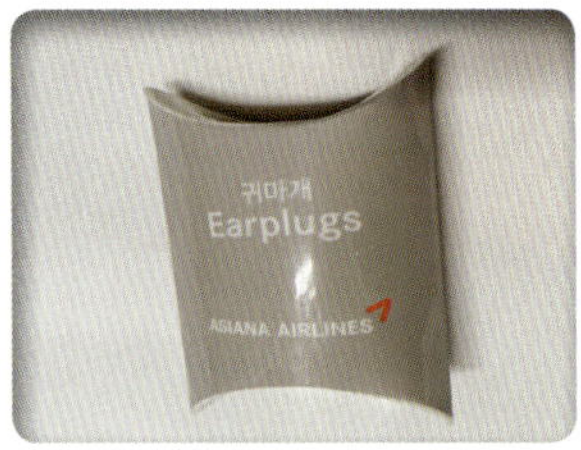

명칭 ______________________

회수 여부 ______________

명칭 ______________________

회수 여부 ______________

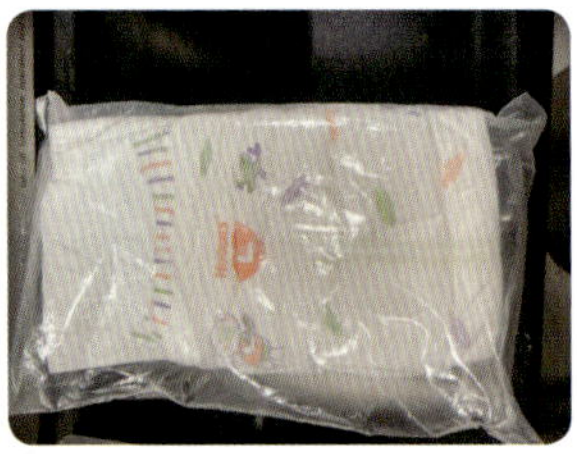

명칭 ______________________

회수 여부 ______________

명칭 ______________________

회수 여부 ______________

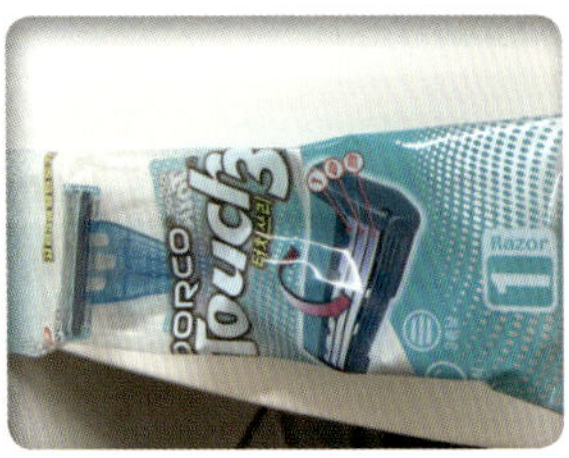

명칭 ______________________

회수 여부 ______________

Level up Role Play 1

상황 기내 용품 회수 시 승객이 적극적으로 협조하는 상황

Tip
- 승객에게 감사를 표한다.
- 상투적인 감사 표현이 되지 않도록 눈을 맞추며 이야기한다.

응대 방법

응대 대화문

Level up Role Play 2

상황 승객이 기내 용품 반출에 대해 문의하는 상황

Tip

- 기내 용품은 반출될 수 없음을 안내한다.
- 눈과 표정과 말투에서 죄송함을 표현한다.
- 면세품에서 판매하는 물품일 경우, 구매가 가능함을 안내한다.

응대 방법

응대 대화문

기내 서비스 용품 및 면세품 재고 확인

CHAPTER 03

학습목표

- 도착 전에 실시되는 갤리 브리핑의 내용을 이해하고 준비할 수 있다.
- 서비스 용품의 재고를 파악하고 인수인계 서류를 작성할 수 있다.
- 면세품의 재고를 파악하고 인수인계 서류를 작성할 수 있다.
- 절차에 따라 착륙 전 안전 및 보안 점검과 객실 서비스 용품 점검을 수행할 수 있다.

Airline News!

티웨이항공, 안전 교육 주력 … 기내 화재에도 신속한 대응 호평

티웨이항공은 지난 9일 대만 타이베이시에 착륙하기 직전 승객 좌석 밑에 있던 휴대용 배터리에서 화재가 발생했으나 객실 승무원들과 사무장의 안전 매뉴얼에 따른 신속한 조치로 탑승객 전원의 부상 없이 안전하게 착륙했다. 이 사건을 계기로 평소 꾸준히 안전 교육을 실시해 온 티웨이항공이 긍정적 호응을 얻고 있다.

출처: 서울경제 2020.02.14.

1. 갤리 브리핑(Galley Briefing)

기장의 목적지 안내 방송(Arrival Information)이 실시되면 착륙 준비를 위해 모든 서비스 업무를 종료하며, 전 객실 승무원들은 갤리 브리핑을 실시하게 된다. 갤리 브리핑을 하는 목적은 비행 중에 발생한 고객 불만이나 설비 및 시설 고장 등 전체적인 제반 사항을 상호 확인하는 데 있다.

이를 통해 고객 불만의 경우 실수(고객 불만 미보고, 처리 미흡 등)로 인한 누락이나 불만을 최소화할 수 있도록 하며, 객실 설비 고장 등을 확인하여 도착지에서 정비를 받을 수 있도록 조치한다. 따라서 객실 승무원은 갤리 브리핑 실시 전에 담당 구역에 대한 세부적인 처리사항을 정확히 인지하고 보고할 준비를 마쳐야 한다.

1) 승객의 요청사항 및 불만 관련 사항 재확인

객실 사무장은 각 갤리(Galley) 및 클래스(Class)별 승객의 요청사항에 대한 응대가 정확히 완료되었는지 확인하고, 불만사항이 있었던 승객 응대에 대해 재확인한 후 최종적으로 한 번 더 퍼스널 터치(Personal Touch)를 실시한다.

실제 하기 후 컴플레인을 하는 승객은 기내에서 불만을 표현하지 않는 경우가 많으므로 비행 중 세심한 승객 케어가 필요하며, 작은 요구사항도 잊지 않도록 항상 메모하는 습관을 가져야 한다.

2) 스페셜 케어(Special Care) 승객 하기 시 응대 절차 확인 및 하기 담당 지정

패밀리 서비스 신청 승객(FMLY), 비동반 소아(UM), 휠체어 사용 승객(WHCR) 등 스페셜 케어가 필요한 승객들에게 세심한 서비스를 제공하고, 불편사항이 없는지 주기적으로 확인해야 한다. 스페셜 케어 승객은 목적지 도착 후 공항 서비스 담당 직원에게 인계해야 하므로 하기 담당 지정 승무원은 도착 준비 시점에 스페셜 케어 승객에게 하기할 때 담당 승무원이 동반할 것임을 미리 말씀드린다.

3) 승객의 물품을 보관한 경우 반환 여부 확인

승객의 물품을 코트룸(Coatroom)에 보관한 경우 반환하며, 승객이 착륙 후 반환받기를 원하면 하기 시 해당 짐이 준비될 장소를 안내해 드리며, 이에 대해 객실 승무원 간 정보를 공유한다.

A350 항공기 코트룸

주의사항

승객의 짐을 맡아 보관할 경우, 귀중품인지 파손 위험이 있는(예를 들면, 깨지거나 부서지는) 물건인지 확인하며, 해당 짐에 좌석번호를 표기하여 승객에게 내드릴 때 뒤바뀌는 일이 없도록 해야 한다. 그리고 승객 하기 시 보관하고 있던 짐을 꺼내 준비해 드린다.

4) 객실 사무장에게 최종 보고

전체적인 서비스(Meal Service) 및 SVC Irregular 사항에 대한 조치사항과 해결이 완료되었는지 재확인한 후, 객실 사무장에게 최종 보고를 한다.

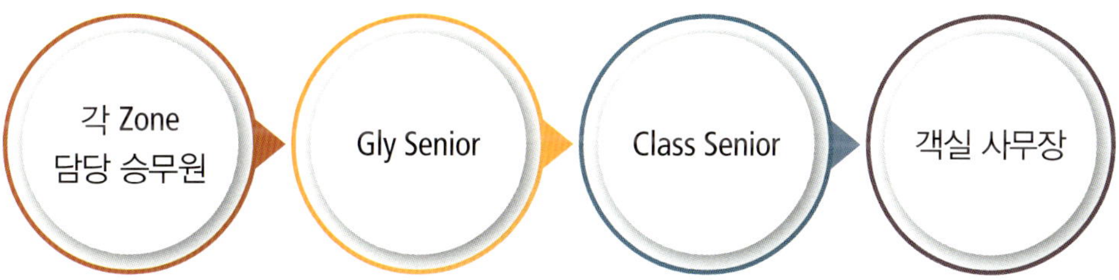

기내 서비스 보고 체계

갤리 브리핑 시 최종 확인사항 및 시나리오 작성해 보기

■ 최종 확인사항

■ 시나리오(객실 사무장, 갤리장, 객실 승무원)

2. 기내 서비스 용품 재고 확인하기

1) 기내 서비스 용품

해외 목적지 공항에 도착하면, 승무원과 승객들은 모두 하기하지만 비행기는 다음 팀 승무원과 승객들과 함께 모기지로 돌아간다. 따라서 해외 공항 도착 전에 객실 승무원은 기내 서비스 용품의 잔량을 확인하여 부족한 서비스 용품을 보충하고 모기지로 돌아갈 수 있도록 기내 서비스 용품 잔량 파악을 실시한다.

(1) 주류(Liquor) 및 비주류(Non-alcoholic Beverage) 음료

주류 음료(Alcoholic Beverage)

샴페인(Champagne), 레드와인(Red Wine), 화이트와인(White Wine), 포트와인(Port Wine), 맥주(Beer), 위스키(Whisky), 브랜디(Brandy), 보드카(Vodka), 진(Gin), 럼(Rum), 코냑(Cognac) 등 알코올이 함유된 음료의 잔량을 확인한다.

주류 음료

비주류 음료(Non-alcoholic Beverage)

비주류 음료는 물, 각종 주스, 청량음료(Coke, Diet-Coke, 7-Up), 커피, 차(녹차, 홍차, 재스민차) 등 알코올이 함유되지 않은 음료로서 이 음료들도 잔량을 확인한다.

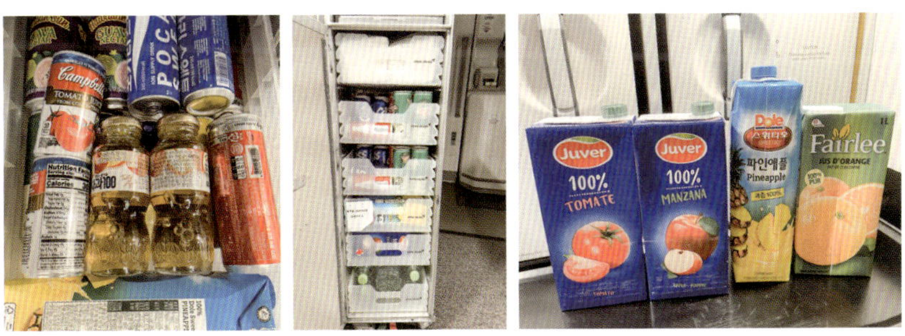

Beverage Cart 내 비주류 음료

(2) 기내 소모품

기내 소모품은 기내에서 사용되는 일회용 물품이나 승객 제공용으로 탑재되는 물품을 뜻한다. 화장실 용품 중 화장품류는 서비스 종료 시 회수하며, 머리빗이나 면도기, 칫솔과 같은 일회용 용품은 승객들의 편의를 위해 제공되는 물품으로 부족한 것이 있는지 잔량을 확인한다.

기내 소모품의 종류

종이컵 및 플라스틱 컵/일회용 설탕, 크림/견과류(Nuts)/비닐장갑/머들러/컵받침(Coaster)/냅킨/유아용품(기저귀, 우유병)/화장실 용품(로션, 머리빗, 일회용 면도기, 일회용 칫솔 등)/객실 및 화장실용 스프레이/여성용 생리대/볼펜/엽서/편지지 및 편지봉투/비상약/각종 태그(Tag), Seal 등

휴지

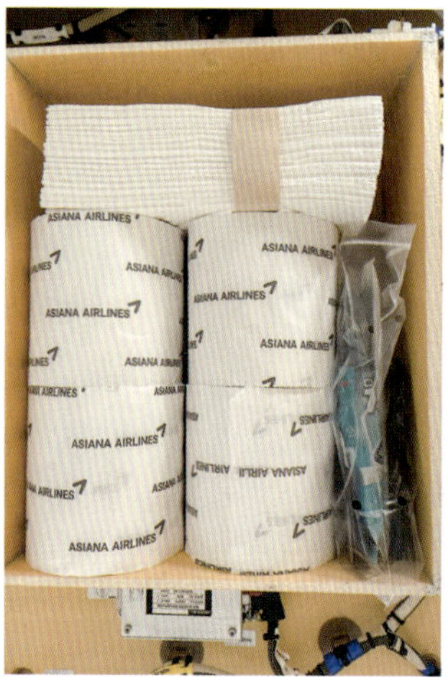

종이타월

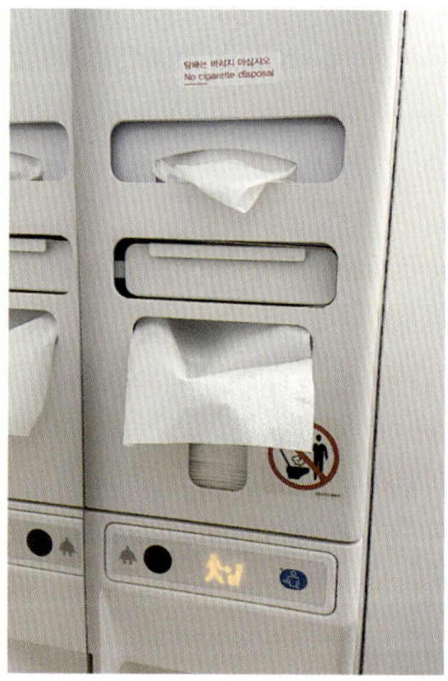

크리넥스

(3) 가니쉬(Garnish) 및 소스(Sauce)류

가니쉬는 완성된 음식의 모양이나 색을 돋보이게 하여 식욕을 촉진하는 장식을 의미한다. 기내에서는 칵테일을 제조할 때 레몬이나 오렌지 등으로 장식하여 제공하고 있다. 소스류는 식사 서비스 시 요청하는 승객에게 제공하며, 사용 후 회수하여 보관한다. 다음 비행 시 부족한 것이 있는지 잔량을 확인한다.

고추장

각종 소스류

- 가니쉬: 레몬 및 오렌지 슬라이스, 체리 등
- 소스류: 타바스코 소스(Tabasco Sauce), A1 소스, 소금, 후추, 우스터셔 소스(Worcestershire Sauce) 등

2) 갤리(Galley) 인계 준비

위와 같이 서비스 아이템의 잔량이 확인되면, 다음 교대 팀이 비행 시 부족한 물품이 생기지 않도록 하기 시 지상 직원에게 물품의 부족 분량을 고지하여 충분한 양이 탑재될 수 있도록 한다. 또한 교대팀이 각 갤리 내 기내 용품을 한눈에 파악할 수 있도록 신송을 준비한다.

또한 교대팀은 다음 비행을 준비하는 데 시간적 여유가 비교적 적으므로 서비스 준비를 위해 서비스 용품을 Pre-setting해주며, 보관된 위치를 메모로 기재하여 부착해 놓는다.

신송이란?

교대 팀에게 비행기를 인계할 때 각 Zone의 담당 승무원들이 부족한 서비스 용품이나 추가 주문 수량에 대한 사항을 간단한 메모로 남기는 것을 뜻한다. 항공사의 업무 규정은 아니지만, 다음 편 승무원들의 편의와 이해를 위해 갤리 내에 부착해 놓는다.

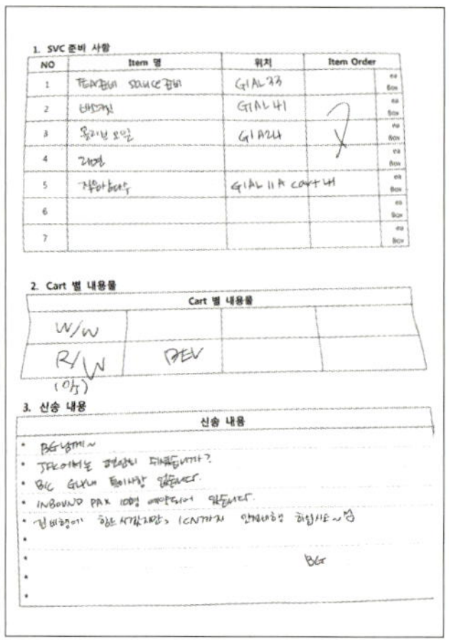

신송 예시(준비사항과 내용물의 위치 기입)

준비된 설탕과 크림

3) 기내 서비스 용품 인수인계 서류 준비

(1) 서비스 용품(Dry Item Inventory List)

기내 서비스 용품은 Seal을 사용하여 봉인하며, 해당 국가의 세관 업무를 위해 음료 및 서비스 용품의 잔량을 정확하게 기입하여 객실 사무장이 탑재 담당 운송 직원에게 전달하게 된다. 그러면 운송 직원은 이 리스트의 잔량을 파악하여, 다음 편의 물품 탑재량을 조정하여 탑재한다. 서비스 용품 인수인계서(Dry Item Inventory List)의 서식은 항공사마다 상이하며 예시는 다음과 같다.

SERVICE ITEM INFORMATION

1. Flight & PAX

Flight no	Date	A/C	PAX Total	Extra Crew
JA 021	2021. 12 .24	HL 7321	370	

2. Crew

Galley(Duty)	Aisle(Duty)			
문희정				

3. Champagne & Wine

Champagne	1. 모에샹동 / 2 btl	2. / btl	3. / btl
White Wine	1. 샤블리 / 2 btl	2. 캔달잭슨 / 2 btl	3. / btl
Red Wine	1. 샤또 로칠드 / 3 btl	2. 케이머스 / 2 btl	3. / btl

4. Service Items & Tools

	Quantity	Location	Seal Number
Bamboo Set	3 EA	2C-01	
Menu List		2C-02	
Water Spray		2C-03	
Wine Basket		R1 Coat room	
Newspaper Trolley		1K OHB	
Slipper		〃	
Headphone		〃	
Ramen		R1 Coat room	
고추장		〃	
Magazine		〃	
Giveaway		A1-01	
Lavatory Item		A1-02	
이불		A1-03	

5. Message & PAX Info of Multi-Portion Flight

서비스 용품 인수인계서 예시

IN-FLIGHT SERVICE ITEMS ORDER SHEET

DATE : 20 . . .

FLT NBR :　　　　　　　　STATION :

HL NBR :

ITEMS	UNIT	SIZE	LEFT OVER				REQUESTED QUANTITY	UPLIFTED QUANTITY
			FWD	MID	AFT	TTL		
- BEVERAGE -								
ORANGE JUICE	CAN							
TOMATO JUICE	CAN							
PINEAPPLE JUICE	CAN							
COKE	CAN							
7-UP	CAN							
MINERAL WATER	BTL							
BEER	CAN							
- DRY ITEMS -								
GREEN TEA BAG	EA							
PLASTIC CUP	EA							
PAPER CUP	EA							
PAPER FACIAL TISSUE	CASE							
TOILET ROLL PAPER	ROLL							

REMARKS	SIGNATURE
	ORDERED BY ________________ (PURSER)
	LOADED BY ________________ (OVERSEA'S CATERER)
	RECEIVED BY ________________ (PURSER)

* ORIGINAL : PURSER'S FILE

부족한 서비스 용품 주문서 예시

(2) 주류 리스트(Liquor Inventory List)

해당 국가별 주류 세관 업무 절차에 따라 주류 탑재량을 파악하여 상세히 기록해야 하는 주류 리스트는 미국 지역 도착 시 작성하며, 주류가 담겨 있는 카트에 붉은색 Seal로 봉인하고, 교대팀 승무원과 운송 직원에게 정확히 인수인계될 수 있도록 한다.

IN-FLT SERVICE LIQUOR LIST

(FR ☐, PR ☐, EY ☐, BAR ☐)

ARV FLT/DATE : HL NO : DEP FLT/DATE :

MERCHANDISE		FULL BOTTLE	PARTIALLY FILLED BOTTLE	TOTAL	SEAL NO
WHISKEY	J/WALKER BLUE - 750ml				
	GLENFIDDICH CASK COLLECTION 1000ml				
	JACK DANIEL - 375ml				
	CHIVAS REGAL 18YEARS - 750ml				
	J/WALKER GOLD - 1000ml				
	CHIVAS REGAL 12YEARS - 50ml				
	GLENLIVET 12YEARS - 50ml				
	JACK DANIEL BLACK - 50ml				
	GRANTS - 50ml				
RUM	BACARDI - 50ml				
GIN	BEEFEATER - 50ml				
VODKA	ABSOLUT - 1000ml				
	ABSOLUT - 50ml				
LIQUEUR	BAILEY'S IRISH CRÈME - 375ml				
	CAMPARI - 500ml				
	COINTREAU - 350ml				
	CRÈME DE CASSIS - 350ml				
	CRÈME DE MENTHE - 500ml				
	PORT WINE SANDEMAN - 750ml				
	TIO PEPE SHERY - 375ml				
	VERMOUTH DRY - 375ml				
	COGNAC REMY MARTIN - 350ml				
	COGNAC VSOP - 50ml				
	CHOYA - 50ml				
CHAMPAGNE	750ml				
WINE	750ml				
	375ml				
	187ml				
BEER	355ml				
OTHERS					

WRITTEN BY : DUTY PURSER :

CUSTOMS INSPECTOR :

항공사별 주류 리스트 예시 1

STORES LIST FOR IN-FLT SERVICE LIQUOR

F/C☐ B/C☐ T/C☐

ARR. FLT NUM. DATE: OZ______ , __________(DD/MM/YY)　　DEP. FLT NUM. DATE: OZ______ , __________(DD/MM/YY)

	BAR ITEMS	Unit Size	Number of Units	Part Bottles
CHAMPAGNE	750㎖	Bot		
	㎖	Bot		
	㎖	Bot		
RED WINE	750㎖	Bot		
	375㎖	Bot		
	㎖	Bot		
	㎖	Bot		
WHITE WINE	750㎖	Bot		
	375㎖	Bot		
	㎖	Bot		
	㎖	Bot		
ICE WINE	375㎖	Bot		
	㎖	Bot		
	㎖	Bot		
FORTIFIED WINE	SHERRY	Bot		
	MADEIRA	Bot		
	PORT	Bot		
COGNAC	HENNESSY X.O	Bot		
	CAMUS X.O	Bot		
	CAMUS V.S.O.P	Bot		
WHISKY	BALLENTINE 17YEARS	Bot		
	CHIVAS REGAL	Bot		
	JOHNNIE WALKER BLUE	Bot		
	CHIVAS REGAL 18YEARS	Bot		
	CANADIAN CLUB	Bot		
	JACK DANIEL	Bot		

BAR ITEMS	Unit Size	Number of Units	Part Bottles
GIN	Bot		
VODKA	Bot		
RUM	Bot		
CAMPARI	Bot		
VERMOUTH DRY	Bot		
VERMOUTH SWEET	Bot		
DRAMBUIE	Bot		
COINTREAU	Bot		
BAILEYS IRISH CREAM	Bot		
CREAME DE MENTHE	Bot		
HWARANG	Bot		
MAE CHUY SOON	Bot		
MAKGEOLLI	Can		
BEER	Can		
	Bot		
SEAL NUMBERS			

Date ____________(dd/mm/yy)　　Written By ______________ (Print name and Sign)

Officer's ______________

항공사별 주류 리스트 예시 2

Seal의 색상 구분

대한항공은 알코올성 음료 및 면세품 카트는 붉은색 Seal로 봉인하며, 기내 서비스 용품 카트는 파란색 Seal로 봉인한다. Seal의 색상은 항공사별로 상이할 수 있다.

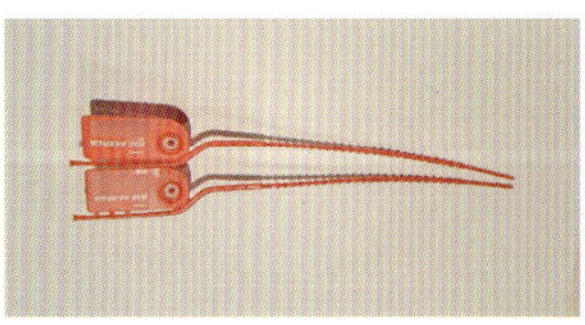

붉은색 Seal

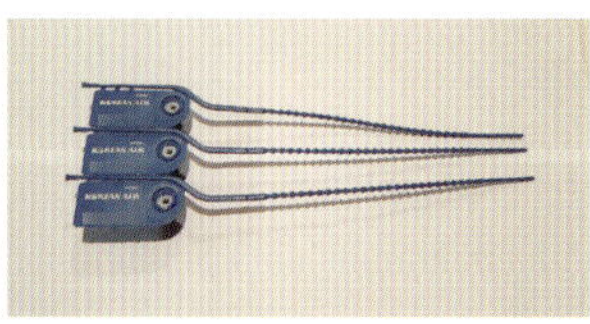

파란색 Seal

3. 면세품 재고 확인하기

기내 면세품 판매가 종료되면 면세품의 포장 상태를 확인하고 재고 수량과 판매 수량이 일치하는지 대조하는 작업이 실시된다. 일반적으로 기내 판매 담당 승무원이 한 명 배정되며, 담당 승무원은 기내 판매 업무를 총괄하고 기내 판매에 관련한 최신 공지를 사전에 확인해야 한다. 또한 기내 환율이나 할인 품목, 예약 주문 불가 품목 등을 숙지해야 한다.

기내 판매 담당 승무원은 교대팀 기내 판매 담당 승무원에게 신송을 남기고, 각 갤리에 환율, 할인 품목, 예약 주문 불가 물품이나 품절된 상품에 대해 기내에 탑재된 주문서에 기록하고 각 갤리에 부착하여 전 승무원들이 확인할 수 있도록 해야 한다.

1) 면세품 재고 파악

기내 판매 종료 후, 재고를 정리하고 수량을 파악하는 작업을 수행하게 되는데, 이를 인벤토리(Inventory)라고 한다. 인벤토리 시에는 재고 수량의 면세품이 판매가 가능한 상태인지 꼼꼼하게 확인하고 이와 함께 남은 재고 수량을 파악한다.

기내 판매 캐리어 박스(Carrier Box)

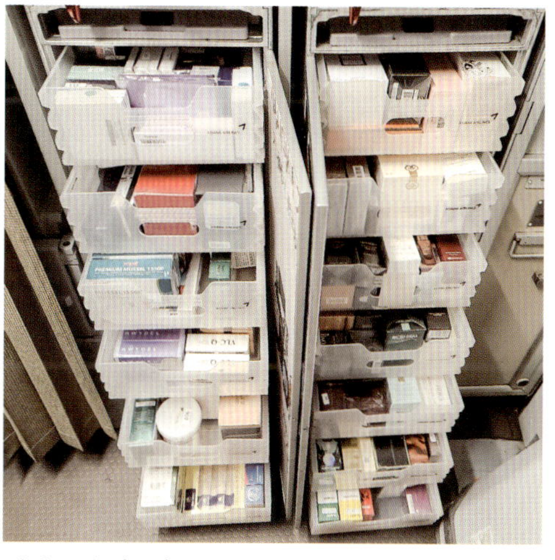

면세품 카트(Cart)

인천에서 면세품이 탑재될 때 주류, 화장품, 액세서리 등 비슷한 품목끼리 정리되어 탑재되므로 원래 위치로 정리하여 담당 승무원이 파악하기 쉽도록 준비한다. 판매 시 원위치에 있지 않으면 신속한 전달이 어려우므로 면세품은 항상 동일한 위치에 정리해야 한다.

재고 수량을 확인할 때에는 최초 탑재 수량에서 판매한 수량만큼 차감하여 남아 있는 수량을 확인하고 판매 대금과 비교하여 재고 수량과 판매 대금(현금, 카드 등)이 일치하는지 점검한다. 또한 기내에서 사용 불가한 화폐나 신용카드가 사용되지는 않았는지 재확인한다.

기내 면세품의 재고 정리 및 파악이 마무리되면, 기내 판매 POS로 판매 내역을 출력하여 최종적인 인수인계서(List)를 작성한다.

2) 면세품 인수인계 서류 준비

해외 현지 도착 시 교체 팀 기내 판매 담당자와 인수 및 인계를 하게 된다. 이때 기내 판매품의 수량과 인수 금액 등의 정보와 신송에 남겨 놓은 Seal 번호를 상호 대조하며 인계한다. 따라서 기내 판매 담당자는 항공기가 착륙하기 전에 위의 목록을 확인하여 카트 내 면세 물품을 정리하고 Sealing되는 장소에 보관하여 Seal로 봉인하게 된다. 인수인계 절차와 서류의 내용은 다음과 같다.

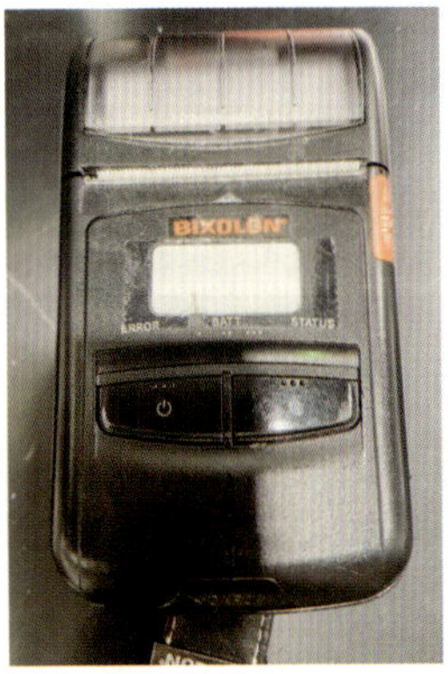

기내 판매용 POS

아시아나항공 기내 판매용 자물쇠와 Seal

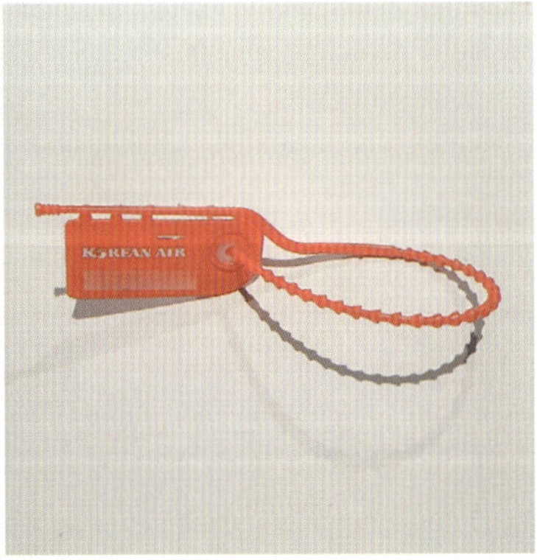

대한항공 기내 판매용 Seal

- 재고 물품과 판매 대금(현금, 카드, 예약 주문 인도증 등)의 일치 여부를 확인한다.
- 예약 주문 접수 건수를 확인하고, 귀국편 담당자가 귀국 후 기내 판매 전담부서에 인계하게 되므로 예약 불가 품목이 포함되지 않았는지 재확인한다.
- POS를 마감하여 인수인계용 보고서를 출력한다.
- 정확한 인수인계를 위해 기내 판매 관련 물품에 모두 Seal을 걸고, Seal 번호를 인수인계서에 작성하며, 항공사별 규정에 따라 판매 카트에 자물쇠(Padlock)와 Seal을 봉인하면 인수인계 준비가 마무리된다.
- 기내 판매 전용 Seal은 항공사별로 색상이 상이하다. 대한항공의 경우 기내 판매 물품용은 빨간색 Seal, 기용품은 파란색 Seal로 봉인한다. 아시아나항공의 경우 기내 판매 물품용에는 주황색 Seal, 기용품에는 노란색 Seal을 사용하는데, 이는 용도와 상황에 따라 다르게 운영될 수 있다.

객실 승무원은 예약 주문을 접수받을 때 승객과 예약 주문 날짜와 편명을 반드시 상호 확인하고 기내 판매 담당자에게 접수한다. 주문 접수 시 접수받는 객실 승무원의 성명을 기입하게 되어 있어 문제 발생 시 책임소재가 분명하므로 정확하게 확인한 후 접수하도록 한다.

예약 주문이란?

기내 좌석에 비치된 예약 주문서를 작성한 후 귀국편 기내 면세품을 신청하여 전달받을 수 있도록 하는 서비스로, 다음 사항을 주의한다.

- 예약 주문 가능 시간을 반드시 확인하고 예약 주문을 접수받도록 한다.
- 한일/한중(홍콩 제외) 노선은 현지 도착 48시간 이후 운항편부터 가능하다.
- 이외 모든 노선의 기내 면세품 사전 주문은 도착 시점 72시간 이후 운항편부터 가능하다.
- 상기 내용은 항공사별로 상이하며 변동될 수 있다.

3) 미수금 발생 시 처리 절차

미수금은 기내 면세품 중 판매한 물건과 판매 대금이 일치하지 않는 경우에 발생하는 손실 금액을 뜻한다. 이를 쇼트(Shortage)라고 하며, 이러한 미수금 발생 시 일정 금액 이하는 회사에서 처리할 수 있으나, 일정 금액을 초과하면 변상이 수반되므로 판매 시 정확하고 철저하게 확인하고 판매하도록 해야 한다.

4) 기내 판매의 종료 시점과 절차

- 기장의 도착 안내 방송(Arrival Information)이 나오면 기내 판매를 종료한다.
- 방송 담당 승무원은 기내 판매 종료 안내 방송을 실시한다.
- 안전한 착륙 준비를 위해 반드시 서비스 종료 시점을 준수한다.
- 담당 승무원들은 담당 구역(Zone)을 순회하며, 기내 판매 종료에 대해 승객에게 공지한다.

기내 판매 종료 시 주의사항

- 면세품 판매 종료 방송을 실시하면 취침 중이던 승객이나 판매 시점을 놓친 승객이 뒤늦게 구매를 원하는 일이 빈번하게 발생한다. 따라서 기내 판매 종료 전에 반드시 면세품 책자를 들고 구역별로 순회하여 구매를 원하는 승객이 모두 구매할 수 있도록 안내한다.
- 이때 구매를 강요하거나 과잉 판매 홍보를 하는 것으로 비춰질 수 있으므로 주의한다.

4. 착륙 전 기내 최종 점검

항공기 고도가 약 2만 피트에 도달하여 기장의 Approaching Sign이 나오면, 방송 담당 승무원은 Approaching 기내 방송을 실시하고, 승무원은 착륙 준비를 위한 기내 안전 점검을 실시한다.

Approaching 방송

손님 여러분, 우리 비행기는 약 (   )분 후 (   )공항에 도착하겠습니다.
꺼내 놓으신 짐들은 앞 좌석 아래나 선반 속에 다시 보관해 주시기 바랍니다.
감사합니다.

Ladies and gentlemen, we are approaching (   )airport.
We ask you to please store your carry on items in the overhead bins or under the seat in front of you.
Thank you for your cooperation.

1) 객실 서비스 정리 점검

안전 점검과 동시에, 객실 내의 기내 용품 회수와 정리 정돈을 실시하고 최종적인 서비스 점검을 해야 한다. 점검사항은 아래와 같다.

- 구역별 담당 승무원들은 기내 용품을 회수하고 화장실 정돈 및 용품 리필을 충분하게 준비해 놓는다.
- 승객 좌석 주변에 떨어져 있는 베개와 담요 및 잡지 등을 수거하여 정리한다.
- 유아 동반 승객의 유아용 요람(Baby Bassinet)을 분리한다. 이때 승객에게 불편한 점이 없었는지 여쭤 보고 조심스럽게 분리한다.

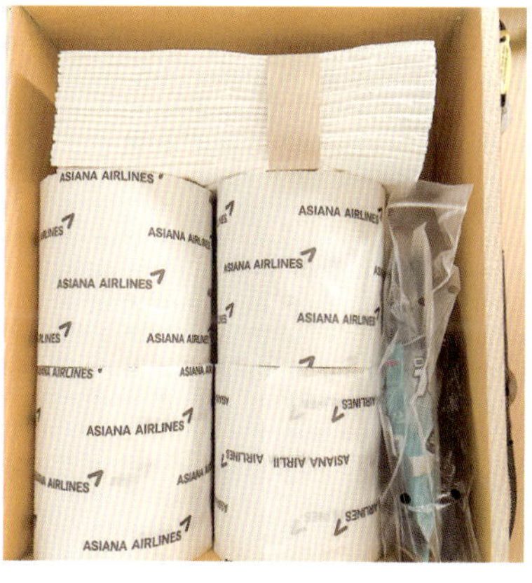

Extra Dry Item

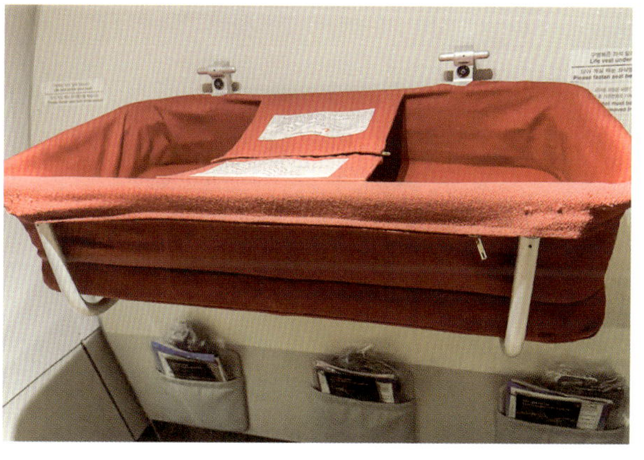
Baby Bassinet

- 의뢰받은 승객의 보관 물품을 반환하되, 승객이 착륙 후 물품을 반환받기 원할 때에는 하기 시 전달한다.
- 헤드폰과 갤리 내 모든 서비스 용품 및 기내 소모품을 지정된 장소에 보관한다.

2) 안전 및 보안 점검

기내에서 근무하는 객실 승무원의 가장 중요한 업무는 안전 및 보안에 관련한 점검 활동이라고 할 수 있다. 비상탈출 상황 발생 시 신속한 탈출에 방해되는 모든 물품과 장비는 원위치시키며, 객실 및 갤리의 안전 점검을 철저히 수행해야 한다. 세부 점검 내용은 아래와 같다.

- 승객 좌석벨트 착용 상태를 확인하고, 좌석 등받이, 식사 테이블, 발 받침대, 개인용 모니터, 핸드셋은 모두 원위치시킨다.
- 객실 내 유동물 및 Cart, Trolley, Compartment의 잠금 상태(Locking)를 확인한다.
- 비상구 열 주변 및 통로(Aisle)에 유동물이나 개인 물품이 있는지 확인한 후, 물품이 있을 경우 승객에게 말씀드리고 오버헤드 빈(Overhead Bin)에 넣어 보관할 수 있도록 한다.

좌석 원위치 상태

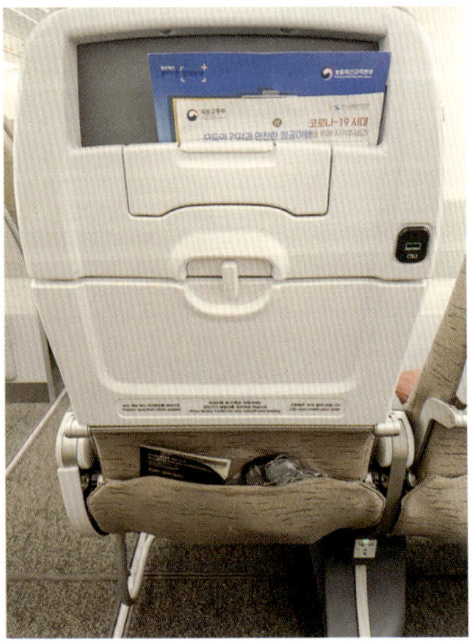
테이블 원위치 상태

- 화장실 내 잔류 승객을 확인하고, 오버헤드 빈의 닫힘 상태를 직접 손으로 눌러 가며 재확인한다.
- 방송 담당 승무원이 Landing 방송을 실시하고 모든 안전 점검이 완료되면, 객실 승무원은 Jumpseat에 착석하여 좌석벨트 및 Shoulder Harness를 착용하고 30 Seconds Review를 실시한다.

갤리 내 설비 잠금 상태(Locking)

ChameleonsEye / Shutterstock.com

안전 점검 중인 객실 승무원

Landing 방송

손님 여러분, 우리 비행기는 곧 착륙하겠습니다.
좌석 등받이와 발 받침대 테이블을 제자리로 해 주시고, 좌석벨트를 매 주시기 바랍니다.
아울러 꺼내 놓으신 짐들은 선반 속과 앞 좌석 밑에 다시 보관해 주시고, 지금부터 모든 전자기기의 사용을 삼가시기 바랍니다.
감사합니다.

Ladies and gentlemen, we will be landing shortly.
Please fasten your seat belt. Return your seat back and tray table to the upright position.
Also, please secure your carry on baggage under the seat in front of you or in the overhead bins. All portable electronic devices must be turned off until the aircraft is parked at the gate.
Thank you for your cooperation.

30 Seconds Review란?

이륙 후 3분간과 착륙 전 8분간이 항공기 사고 발생 건수의 78%를 차지하는 가장 위험한 시점으로, 이를 'Critical 11'이라고도 부른다. 즉 이 · 착륙 시 사고 발생률이 높으므로 안전을 담당하는 객실 승무원들이 착륙 준비 자세를 취하고, 이륙 후 30초간과 착륙 전 30초간 발생 가능한 비상사태를 머릿속으로 생각하며, 비상구 위치와 작동법, 비상장비 위치와 비상탈출 순서 등의 절차를 떠올리는 시간을 의미한다.

비상구

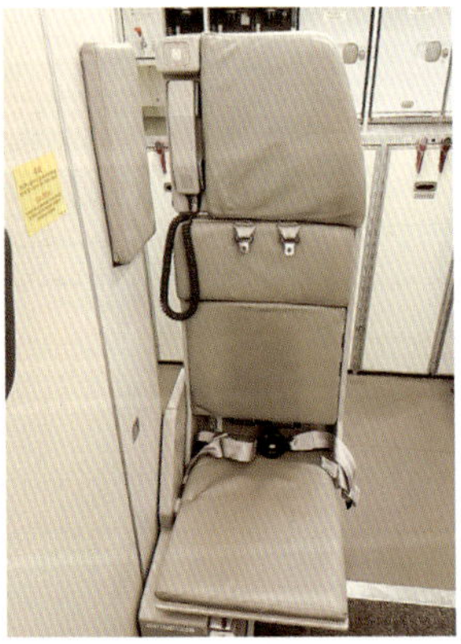

객실 승무원 Jumpseat

모든 점검이 종료된 후, 정복으로 환복한 후 갤리 내 커튼을 개방하면 착륙을 위한 모든 준비가 끝난다.

3) 객실 사무장의 최종 점검사항

객실 사무장은 객실 승무원들이 착륙 전에 점검을 마무리하고 이상이 없음을 보고받은 후, 전 객실을 순회하며 최종 점검을 하게 된다. 이때 특이사항이 있는 승객에게 개별적으로 응대하고 Safety Check를 하며 점검을 마무리한다. 자세한 점검사항은 아래와 같다.

- 특별한 배려와 안내가 필요한 승객 및 불만 승객 등에게 개별 응대를 실시한다.
- 항공기 입항 서류와 G/D(General Declaration), P/M(Passenger Manifest), C/M(Cargo Manifest) 등을 확인한다.

안전 점검 후 객실

- 기내 접수 서류를 취합(기내 우편물, 상용 고객 신청서, 귀국편 사전주문서 등)한다.
- Special PAX(UM, FMLY, 장애인 승객 등)의 재확인 및 안내 준비를 점검한다.
- 기내 장비나 장치에 결함이 생길 경우, 자세한 사항을 객실 일지(Cabin Log)에 기록하여 정비 및 교체가 이루어질 수 있도록 한다.

Question & Answer

1. 착륙 전 기내 최종 점검사항을 정리해 봅시다.

2. 갤리 브리핑 시 최종 확인사항 및 시나리오를 작성해 봅시다.

Level up Role Play 1

상황 **비상구 열에 착석한 승객이 오버헤드 빈에 짐을 올리지 않겠다고 하는 상황**

Tip

- 비상탈출구와 비상장비로의 접근을 방해하는 휴대 수하물이나 물건 등을 좌석 앞에 놓는 것은 허용되지 않는다.
- 좌석 위 선반에 빈 공간이 없다면, 비어 있는 공간을 찾아 승객의 짐을 보관할 수 있도록 돕는다.
- 승객이 착석한 좌석보다 가능하면 앞쪽 선반으로 안내하여 하기 시 좀 더 편하게 짐을 가지고 내릴 수 있도록 안내한다.

응대 방법

응대 대화문

Level up Role Play 2

상황 **승객이 이전 비행에서 구입한 면세품을 탑승한 기내에서 교환 및 환불하기를 원하는 상황**

Tip

- 과거에 이미 판매된 물품에 대한 기내에서의 교환 및 환불은 관세법상 불가하다.
- 단, 해당 편에서 구매한 경우에는 물품 미사용 및 훼손되지 않은 상태에 한해 교환 및 환불이 가능하다.
- 이외의 모든 교환과 환불에 대한 문의는 기내 면세품 담당 고객 서비스팀에 직접 문의할 수 있도록 안내한다.

응대 방법

응대 대화문

PART 02

착륙 후 서비스

CHAPTER 04 항공기 Door Open

항공기 지상 이동(Taxing) 중 업무

Slide Mode 변경

Door Open

CHAPTER 05 입항 서류 전달 및 승객 하기 지원

입항 서류 및 정보 전달하기

승객 하기 지원하기

항공기 Door Open

CHAPTER 04

학습목표

- 항공기 지상 이동(Taxing) 중 업무를 수행할 수 있다.
- Door Open을 그 기준과 절차에 따라 정확히 수행할 수 있다.
- 승객 하기 순서를 숙지하고 주의사항에 따라 승객 하기를 정확히 수행할 수 있다.

Airline News!

항공기 지상 이동 중 여객기 문 열어 비상탈출 시도?

뉴욕 라과디아 공항에서 애틀랜타로 출발하기 위해 활주로를 이동하던 항공기에서 승객 2명이 호기심에 탑승구 문을 열고 비상탈출용 슬라이드를 작동시켜 탑승객 전원이 대체 항공편으로 갈아탄 사건이 있었다. 이런 사건이 종종 발생하기 때문에 비상구 착석 규정에 따라 비상구열 승객에게 정확하게 주의사항을 알리고 동의를 받아야 한다.

출처: 뉴시스 2020.12.22.

Farewell 방송

손님 여러분, 우리 비행기는 (   )공항에 도착했습니다.
이곳의 현재 시각은 (   )월 (   )일 (   )요일, 오전(오후) (   )시 (   )분입니다.
여러분의 안전을 위해 비행기가 완전히 멈춘 후 좌석벨트 표시등이 꺼질 때까지 자리에서 기다려 주십시오.
선반을 여실 때에는 안에 있는 물건이 떨어질 수 있으니 조심해 주시고, 내리실 때에는 잊으신 물건이 없는지 다시 한번 확인해 주시기 바랍니다.
오늘도 저희 (   )항공을 이용해 주셔서 대단히 감사드립니다. 저희 승무원들은 앞으로도 안전하고 편안한 여행을 위해 최선을 다하겠습니다. 감사합니다.

Ladies and gentlemen, we have landed at (   )airport.
The local time is now (:   )(am/pm) on (day(요일)/month(월)/date(일)).
For your safety, please remain seated until the seatbelt sign is turned off.
Be careful when opening the overhead bins, be careful of bags that may fall out.
Please remember to take all of your belongings when you leave the airplane.
Thank you for choosing (항공사명) and we hope to see you again soon.

1. 항공기 지상 이동(Taxing) 중 업무

항공기 지상 이동은 안전 활동의 연장이다. 따라서 항공기 지상 이동 시 승객은 착석 상태를 유지하고 좌석벨트 또한 착용하고 있어야 하며, 좌석 이동이 발생하면 객실 승무원은 이에 적극적으로 대처해야 한다. 지상 이동 중 기체 흔들림으로 인해 좌석 이동을 하려는 승객이 넘어져 부상을 당하는 일이 종종 발생하기 때문이다. 따라서 지상 이동 중에도 객실 승무원은 안전 업무를 철저히 수행해야 하며, 자세한 안전 업무의 내용은 다음과 같다.

- 항공기가 목적지 공항에 착륙한 후 활주로와 유도로를 지나 게이트까지 이동하는 중에는 승객의 착석이 유지되어야 한다.
- 승객들이 오버헤드 빈(Overhead Bin)을 열거나 화장실을 사용하고자 하는 경우에

지상 이동(Taxing) 중인 항공기

는 벨트 착용 사인이 꺼질 때까지 잠시 좌석에서 대기해야 함을 말씀드린다.

- 비행기의 지상 이동 중에는 흔들림이 심하여 움직이면 부상을 입을 수 있으므로 담당 구역(Zone) 객실 승무원은 비행기의 지상 이동 중에는 반드시 Aisle Watching을 하여 일어서는 승객이 즉시 착석하도록 유도해야 한다.
- 이러한 상황이 발생하면 승객 착석을 요청하는 안내 방송을 실시한다.

지상 이동(Taxing) 중 승객 착석 요청 방송문

안내 말씀 드리겠습니다.
이 비행기는 여러분이 내리실 장소로 이동하는 중 잠시 대기하고 있습니다.
비행기가 완전히 멈춘 후 좌석벨트 착용 표시등이 꺼질 때까지 자리에서 잠시만 기다려 주시기 바랍니다. 감사합니다.

Ladies and gentlemen, we are now approaching our gate.
Please remain seated and keep your seatbelt fastened until the seatbelt sign is off.
Thank you.

2. Slide Mode 변경

- 항공기가 완전히 정지하게 되면 전 객실 승무원은 Seatbelt Sign Off를 확인한 후, 방송에 맞추어 Slide Mode를 지상 모드(정상 위치)로 변경하게 된다.

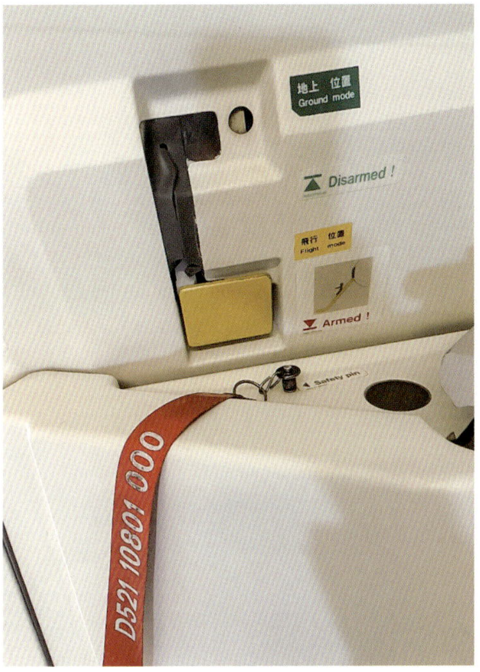

A350 기종의 비행 중 Slide Mode

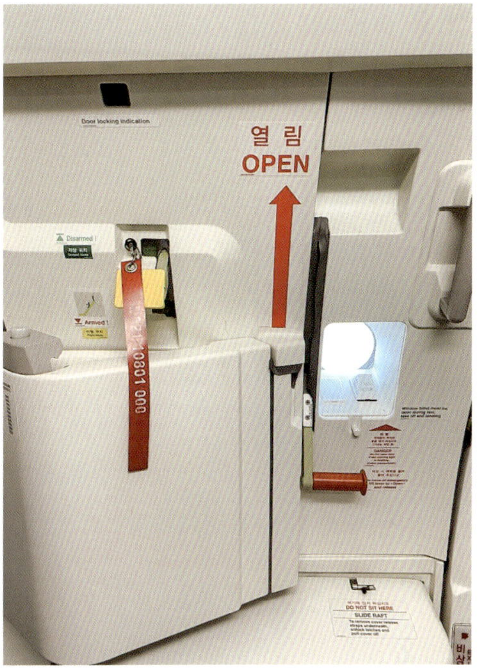

A350 기종의 지상에서의 Slide Mode

- 모드 변경은 2인 1조로 실시하며, Slide Mode를 지상 모드(정상 위치)로 변경한 후 이상 유무를 인터폰으로 객실 사무장에게 보고한다.
- 객실 사무장은 기장에게 이상 없음을 보고하고 허가를 얻은 후 Slide Mode의 지상 모드(정상 위치)를 재확인한다.
- 항공기 외부에서 대기 중인 지상 직원이 항공기 도어를 세 차례 노크한 후, Viewing Window를 통해 이상이 없음을 확인하고, 엄지손가락을 위로 하여 Open 가능한 상황임을 수신호로 교환하여 알린다.

3. Door Open

항공기 Door Open은 안전 운행 및 승객 안전에 매우 중요하므로 Door Open의 기준과 Open 전에 확인해야 할 사항을 짚어보고 항공기 외부와 내부에서 Door를 Open하는 각각의 절차에 대해 알아본다.

1) Door Open 기준

- 항공기의 Door Open은 외부에서 여는 것을 원칙으로 하며, 외부에서 Open이 불가한 경우에 한해 내부에서 열 수 있다.
- 인천이나 김포공항에서 Catering 조업을 위한 Door Open은 외부에서 실시하며, 그 외 지역은 내부에서 Open한다.
- Door Open이 불가한 상황(항공기 내부 사정, 좌석벨트 사인이 켜져 있는 상태 등)이 발생할 경우, 내부 상황이 정리되면 외부 직원에게 양손으로 X자 표시를 만들어 다시 사인을 준다.

정상 상황 수신호

외부에서 대기하라는 수신호

Door Open 원칙

B737 기종을 제외한 모든 항공기에서 항공기 Door는 지상 직원이 외부에서 여는 것을 원칙으로 한다. 그 이유는 비상탈출 시 자동 팽창하는 Escape Slide가 객실 승무원의 실수로 비정상 위치로 되어 있더라도 외부에서 Door를 열게 되면 정상 위치로 자동 변경되기 때문이다. 그러나 B737 기종은 Girt Bar를 사용하는 방식으로 오팽창의 가능성이 높기 때문에 내부에서 Door를 Open하는 것을 원칙으로 한다.

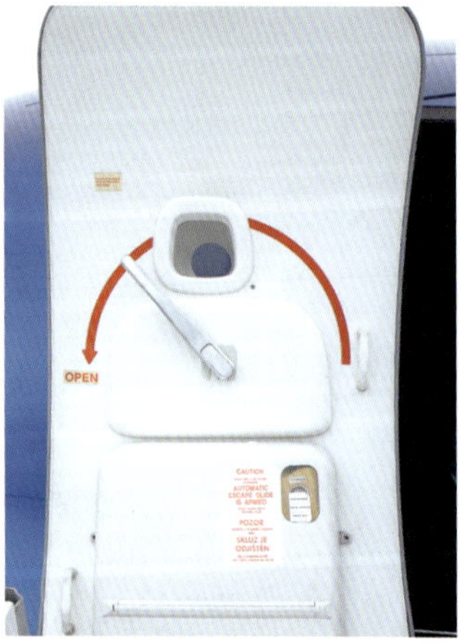

내부 Open 방식의 Boeing 737 기종 Door

외부 Open 방식의 Airbus 321 기종 Door

2) Door Open 전 확인사항

- Seatbelt Sign Off 상태를 확인한다. (Seatbelt Sign이 On되어 있는 상태에서는 도어를 열 수 없다.)
- Slide Mode의 지상 모드(정상 위치)를 확인한다. 문을 열기 전에 Slide Mode가 지상 모드(정상 위치)로 되어 있는지 확인한다.
- Door 주변에 이상이 없는지 육안으로 확인하고 외부 상황도 확인한다.
- 탑승교(Passenger Boarding Bridge)나 승 · 하기용 계단(Step Car)이 대기 중인 경우, Door 앞에 완벽히 정지하여 접현되었는지 확인한 후 지상 직원을 기다린다.
- 외부 및 내부 상황을 확인하고 기장의 허가를 받은 후 Open한다.

Mal.vries / Shutterstock.com

승 · 하기용 계단(Step Car)

탑승교(Passenger Boarding Bridge)

3) Door Open 절차

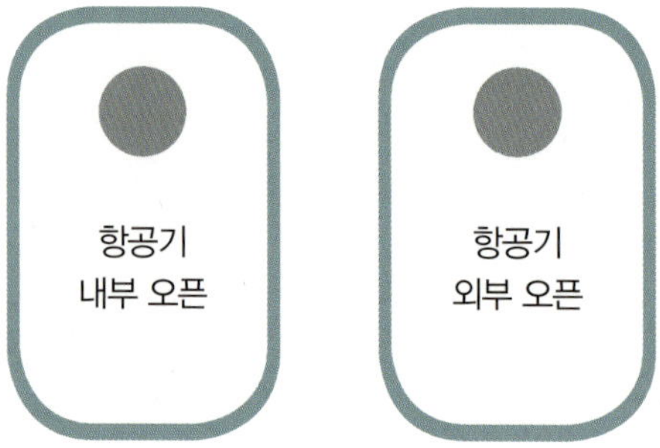

Door Open 방법

(1) 항공기 외부에서 Door를 Open하는 경우

- 객실 사무장은 Door Open 전에 확인사항 점검을 실시하고, 외부 직원과 이상이 없음을 확인하고 수신호를 교환한 후, 외부 직원이 Open하도록 한다. 정상적인 상황에서는 엄지손가락을 들어 올려 수신호를 교환한다.
- 객실 사무장으로부터 Door Open을 위임받은 경우, 객실 승무원은 Door 외부 상황을 확인하고 탑승교나 승·하기용 계단이 접현되어 Open 가능함을 확인한 후 객실 사무장에게 보고한다.
- 객실 사무장은 해당 Door 담당 승무원에게 Door Open 전 확인사항을 지시하며, 담당 승무원은 지상 직원과 수신호를 교환한 후 외부 직원이 Open하도록 한다.

- 외부 직원이 Door를 Open하는 동안 Door Open을 돕거나 Door를 조작하면 안 되므로 객실 내 승무원은 한 발자국 떨어져 대기한다.
- 내부에서 Door를 Open할 수 있는 사람은 선임 객실 승무원과 정비사뿐이며, 이외에 선임 객실 승무원이 지정하여 위임한 담당 승무원이 Door를 Open할 수 있다.

(2) 항공기 내부에서 Door를 Open하는 경우

- 객실 사무장 또는 객실 사무장에게 위임받은 Door 담당 객실 승무원은 내부에서 Open할 수 있다. 불가피한 경우를 제외하고 2인 1조로 Door Open 절차를 수행

한다.

- 객실 사무장은 Door Slide Mode의 지상 모드(정상 위치)를 재확인하고 Door Open을 허가한다.
- Door를 여는 승무원은 'Door 조작 승무원'과 'Door 관찰 승무원'으로 각각 임명한다. Door 조작 승무원이 항공기 Door를 열기 전에, Door 관찰 승무원은 Slide Mode Lever를 손가락으로 가리키며 Door 조작 승무원이 들을 수 있게 아래 명령어를 순서대로 큰 소리로 말한다.

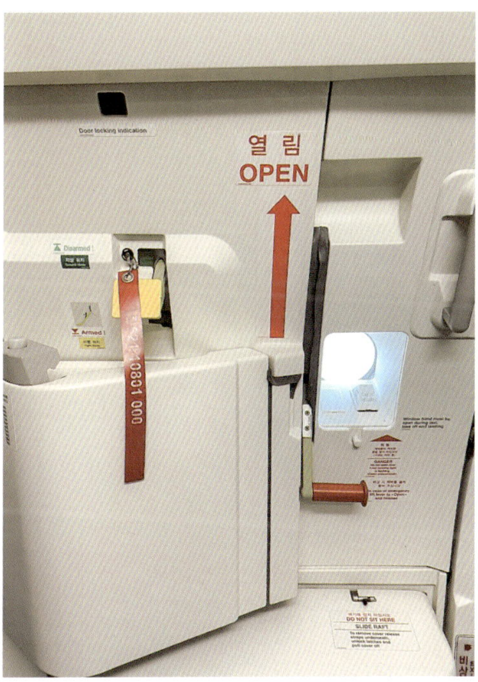

Door Mode 지상 모드(정상 위치)

개방된 Door

Safety Strap 설치

Door Open 후 외부 지지대가 없는 경우에는 반드시 Safety Strap을 설치해야 한다. 이때 Door를 부분 개방하지 않고 완전히 개방한 상태에서 Safety Strap을 설치한다.

Safety Strap이 설치된 상태의 개방된 Door

Question & Answer

1. Slide Mode 변경 순서를 정리하고 실습해 봅시다. 3인 1조로 구성하여, 지상 직원 1명, 도어 조작 승무원 1명, 도어 관찰 승무원 1명으로 외부 수신호를 받은 후 내부에서 개방하는 절차를 구령, 수신호와 함께 수행해 봅시다.

Level up Role Play 1

상황 **항공기가 지상 이동(Taxing) 중인데 한 승객이 일어나 오버헤드 빈에서 짐을 꺼내려는 상황**

Tip

- 항공기가 이동 중일 때에는 매우 위험하므로 짐을 꺼내려는 승객을 즉각적으로 저지하며 좌석에 착석해야 함을 말씀드린다.
- 초기에 응대를 하지 않으면 다른 승객들도 연달아 일어나는 경우가 많은데, 이는 안전상 위험할 수 있으므로 초기에 신속히 응대하는 것이 중요하다.
- 승객 착석을 적극적으로 유도하되 강압적으로 응대하지 않도록 주의한다.

응대 방법

응대 대화문

Level up Role Play 2

상황 **탑승 및 하기 시 짐 정리 중 승객이 짐을 오버헤드 빈에서 내리다가 실수로 떨어뜨려 앉아 있는 승객이 부상을 당한 상황**

Tip
- 다친 곳이 있는지 정중하게 여쭤 본다.
- 응급처치가 필요한 경우에는 상태를 확인하고 처치한다.
- 전 승무원과 상황을 공유하고 객실 사무장에게 보고한다.

응대 방법

응대 대화문

입항 서류 전달 및 승객 하기 지원

CHAPTER 05

학습목표

- 운송 직원에게 여객 및 화물 운송 관련 서류(Ship Pouch) 인계 업무를 수행할 수 있다.
- 운송 직원에게 중요 승객 및 특별 승객에 대한 정보 전달 업무를 수행할 수 있다.
- 다양한 특수 승객의 특성과 응대법을 숙지하고 하기 지원을 정확히 수행할 수 있다.

Airline News!

공항공사 · 항공사 … 장애인의 항공기 이동권 보장

국가인권위원회의 발표에 의하면 '장애인의 항공기 이용 때 원활한 이동권을 보장하라'는 권고를 국토교통부와 한국 · 인천공항공사, 국내 7개 항공사가 수용했다. 인권위의 권고사항에는 '여객탑승교 미시설 공항에 대해 휠체어 승강설비 설치지도 및 감독' '여객탑승교와 항공기 연결부분 높낮이 차 제거' '휠체어 승강설비 구비' 등이 포함되었다.

출처: 이데일리 News 2017.05.16.

1. 입항 서류 및 정보 전달하기

주요한 운송 관련 서류를 7가지로 구분하여 알아보고, 운송 관련 서류를 전달할 때 주의해야 할 사항을 살펴본다.

1) 운송 관련 서류(Ship Pouch)

출입문을 개방한 후에 객실 사무장은 운송 담당 직원에게 운송 관련 서류 및 탑재 서류를 인계해야 한다. 현지 공항에서 검역과 세관의 하기 허가가 필요한 경우, 공항 당국의 하기 허가를 얻은 후 하기를 실시해야 하며, 공항 관계 직원에게 CIQ(Customs, Immigration, Quarantine) 관련 입항 서류를 제출해야 한다.

또한 항공기에 탑재된 서류 파우치를 지상 직원에게 전달하는데, 이 파우치 안에는 G/D, P/M, C/M 서류와 기내 우편, 특별식 요청 승객의 요청서, 추방자의 여권 서류 등이 들어 있으며 주요 문서의 내용은 아래와 같다.

(1) CIQ(Customs, Immigration, Quarantine)

공항 관계 직원에게 세관, 출입국, 검역 서류를 제출하고, 현지 공항 당국의 하기 허가를 얻은 후 승객 하기를 실시할 수 있다. 하기 허가가 나면 승객 하기 방송을 즉시 실시하여 신속한 하기가 이루어지도록 한다.

(2) G/D(General Declaration)

항공기가 입출항 허가를 받기 위해 모든 관계기관에 제출하는 서류의 일종이며, 항공편의 승객 명단과 승무원 명단 및 검역 관련 사항 등이 수록된 문서이다. 이 문서는 타국가 입국에 필수적인 서류이므로, 출발지 공항에서 반드시 수취하고 안전하게 보관해야 한다. 비행 중 기내에서 구토, 설사, 출혈 등의 증상이 있는 승객의 경우, 전염 가능성이 있으므로 조종실에 알려 도착 공항의 검역 직원에게 공지하고, G/D에 기록해야 한다.

(3) P/M(Passenger Manifest)

항공기에 탑승한 승객의 이름, 국적, 좌석번호, 특이사항 등이 기재된 서류이다. P/M

에는 탑승한 전 승객의 명단이 기록되어 있으며, G/D에 기록된 승객 인원수와 P/M에 기록된 승객 인원수가 동일해야 한다.

(4) C/M(Cargo Manifest)

항공기에 탑재된 화물의 상세한 내역이 기입된 화물 적하 목록이다. 주요 사항으로 항공기 등록번호, 항공기 출발지와 편명, 항공기 목적지, 화물의 개수와 중량 등이 자세하게 기재되어 있는 증명 서류이다.

(5) 외교 행낭(Diplomatic Pouch)

외교 행낭은 본국 정부기관이나 현지 각국의 대사관 사이에 오가는 소포이다. 행낭에는 공무 수행에 필요한 공문서와 자료, 보안 유지상 필요한 서신, 기타 용품 등이 있으며, 행낭은 취급에 철저한 보안이 필요하며 정확하게 인계해야 한다.

(6) 기내 우편물(Passenger's Mail)

기내 우편물은 항공기에 탑승한 승객이 요청하고 비용을 항공사에서 부담하여 송달하는 방식으로 운영되고 있다. 기내에서 접수되는 우편물은 기내에 실리는 엽서 작성분에 한해 우편물 배달 서비스를 제공한다. 서류에 대한 책임은 객실 사무장에게 있으므로 서류가 분실 또는 훼손되는 일이 없도록 유의한다.

(7) 상용 고객 신청서

비행 중 신청받은 상용 고객 신청서는 해당 편의 마일리지부터 적립되며, 항공기 도착 전에 객실 사무장이 취합하여 지상 직원에게 인계한다. 기내에서 작성 시 신청자의 성명, 생년월일, 탑승편 정보 등의 기재 여부를 확인하고 취합하여 객실 사무장이 지상 직원에게 인계한다.

해외 도착편일 경우 객실 사무장 인수인계서에 첨부하여 귀국편으로 인천공항에 접수될 수 있도록 하며, 인천공항 도착인 경우에는 지상 직원에게 직접 인계하면 된다.

2) 운송 관련 서류 전달 시 주의사항

- 각 클래스별 Special PAX(UM, WHCR, 운송 제한 승객, 특별 승객) 등의 승객 하기 업무 수행에 관한 모든 사항을 구두나 메모로 전달하여 승객 안내에 누락이 발생하지 않도록 정확히 인계한다.
- 해당 도착 공항 서비스팀 직원에게 기내 비정상 상황(Irregular)과 관련된 승객에 대한 사항을 인계한다.
- 지상 직원에게 서류 인계인수 및 승객 정보 전달 시 주의사항을 파악하여 함께 전달한다.

- 승객이 하기를 위해 도어 입구에 대기하는 중이므로 지상 직원과의 인수인계를 정확하고 신속하게 하여 승객 하기가 지체되지 않도록 한다.
- 지상 직원에게 전달하는 주의사항을 승객이 들을 수 있으므로 중요 사항이 노출되지 않도록 주의한다.

2. 승객 하기 지원하기

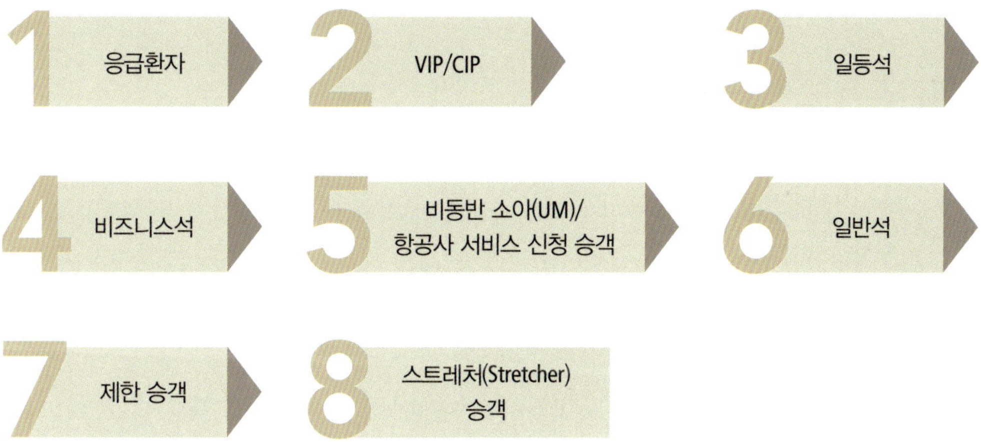

승객 하기 순서

1) 승객 하기 시 응대 방법

승객 하기 시점은 객실 승무원들이 마지막으로 승객과 인사를 나누며 서비스를 마무리하는 시점이라고 볼 수 있다. 동시에 이때는 심리적으로나 육체적으로 피로감이 몰려오는 시점이기도 하다. 그러나 승무원은 피곤하거나 지친 모습을 보이지 않도록 하며, 마지막까지 정성스럽고 밝은 모습으로 승객 하기를 지원해야 한다.

항공기의 규모에 따라, 즉 대형기와 소형기에서 승객의 하기를 안내하는 방법이 다르다. 대형기의 경우 첫 번째와 두 번째 도어가 열리게 되는데, 왼편 승객에게는 두 번째 도어로 안내하고 오른편 승객에게는 첫 번째 도어로 하기할 수 있도록 안내하여 원활한 승객 하기를 지원한다. 소형기의 경우 앞쪽 첫 번째 문으로 하기할 수 있도록 안내하고, 승무원은 Door Side에 대기하며, 하기 시 도움이 필요한 승객이 있는지 지속적으로 확인한다.

- 하기하는 승객의 눈을 바라보며 "감사합니다." "안녕히 가십시오." "좋은 하루 보내십시오." 등의 감사 인사를 한다.
- 도움이 필요한 승객에게 적극적으로 다가가 도와드린다.
- 승객이 하기하면서 입국, 세관, 검역에 대해 질문하는 경우, 정확한 정보를 제공한다.
- 승객의 하기 순서를 정확히 숙지하고 적극적으로 안내한다.

VIP/CIP/상위클래스 승객 하기 시 주의사항

- 지상 직원에게 여객 및 화물 운송 관련 서류(Ship Pouch)를 전달하면서 VIP/CIP에 대한 정보를 구두로 미리 알린다. 이때 주변 승객에게 VIP/CIP 승객 정보가 유출되지 않도록 유의하며 전달한다.
- VIP/CIP 승객 하기 시 주위 승객이 불편함을 느끼지 않도록 하며 정중한 인사와 인사말로 하기 인사를 한다.
- 일반적으로 VIP/CIP 승객은 상위클래스에 탑승하므로 이들 승객을 특별 대우한다고 다른 승객이 느끼지 않도록 승객 전원에게 정중하고 친절하게 하기 인사를 한다.
- VIP/CIP 승객 하기 시 담당 객실 승무원 중 한 명은 VIP/CIP 승객의 하기 후에 그 외 승객의 하기가 바로 이어지도록 하기 대기를 자연스럽게 유도한다.

- VIP/CIP 승객에게 탑승 환영 인사를 할 때부터 다른 승객이 소외감과 위화감을 느낄 수 있으며, 그런 경우 비행 중 사소한 불만을 크게 표출하게 되는 경우가 종종 발생한다. 따라서 객실 승무원 및 객실 사무장은 모든 승객에게 자연스럽게 응대하도록 각별히 유의한다.
- 일반석 승객이 하기를 대기하면서 상위클래스 승객이 먼저 하기하는 모습을 보고 불만을 제기하기도 한다. 이때에는 모든 승객이 동시에 하기하게 되면 병목으로 혼잡할 수 있어 안전상 차례로 하기하는 것임을 정중하게 말씀드린다.
- 하기 순서를 위해 커튼(Class Divider)을 사용할 수 있으므로 이를 활용해야 한다.

2) 특수 승객 하기 지원

특수 승객이란 일반 승객과 구분되며 항공기 탑승 및 하기 시 또는 기내에서 정신적·육체적으로 도움이 필요한 승객을 의미한다. 예를 들면, 전염병 환자, 정신질환자, 생명위험 환자, 심장질환자, 임산부, 시·청각 장애인, 스트레처(Stretcher) 승객, 휠체어(Wheelchair) 승객, 추방자(Deportee), 호송 죄수, 비동반 소아(UM: Unaccompanied Minor) 등을 들 수 있다. 대표적인 특수 승객의 하기 지원 내용은 아래와 같다.

비동반 소아(UM: Unaccompanied Minor)

(1) 비동반 소아(UM: Unaccompanied Minor)

비동반 소아는 보호자 동반 없이 혼자 여행하는 만 5세 이상부터 만 11세 이하(국내선은 만 12세 이하) 어린이 승객을 말한다. 지상 직원에게 인계하기 전까지 UM 여행서류 봉투에 출입국 서류 및 객실 승무원이 보호자에게 전달하는 편지가 들어 있는지 확인한다. 휴대 수하물을 들어 주고, 불안감을 느끼지 않도록 하기 후 일정을 안내하고, 일반석 승객보다 먼저 하기할 수 있도록 한다.

(2) 한가족 서비스(Family Care Service) 승객

예약부터 발권, 운송, 객실 등 항공 여행과 관련된 전반적인 부분에 걸쳐 제공되는 서비스이므로, 해당 승객이 항공 여행에 불편함이 없도록 적극적으로 지원한다. 하기 시에는 소지품을 확인하고 필요한 경우 짐을 들어 주어 신속한 하기를 돕는다. 또한 하기 시 지상 직원에게 인계하여 다음 서비스를 받을 수 있도록 한다.

(3) 휠체어(Wheelchair) 승객

휠체어 승객은 신체적, 건강상의 이유로 거동이 불편하여 휠체어를 사용하는 승객을 말한다. 원활한 하기를 위해 일반 승객이 전원 하기한 후 하기해야 하며, 착륙 전에 해당 승객에게 이와 같은 사실을 알려야 한다. 거동할 수 없는 승객의 경우, 기내용 휠체

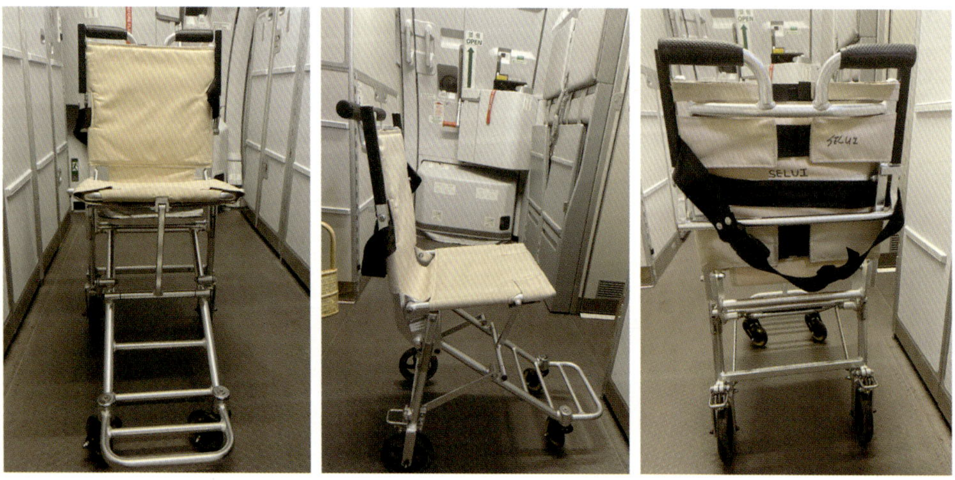

기내용 휠체어(On-board Wheelchair)

어(On-board Wheelchair)를 이용하여 항공기 입구까지 이동할 수 있다. 하기 시 객실 승무원은 휴대 수하물을 들어 주고 기타 필요한 도움을 제공하도록 한다. 거동이 불편한 승객은 하기 시 부축하여 도어까지 안내한다.

(4) 스트레처(Stretcher) 승객

스트레처 승객은 건강상의 이유로 특수한 기능이 장착된 침상인 스트레처에 누운 채 여행하는 승객을 말한다. 객실 승무원은 환자 승객의 출입국 서류 작성 여부를 미리 점검하고 하기 시에는 휠체어 승객 하기 후 스트레처 승객이 제일 마지막에 하기하도록 한다. 이때 마지막까지 스트레처 승객의 상태를 유심히 살펴보고 스트레처 승객과 동반자에게 적절한 도움을 줄 수 있도록 한다.

(5) 추방자(Deportee)

추방자는 출발지 국가로부터 불법 체류 및 기타 사유로 인해 강제로 출국 조치를 당한 승객을 말한다. 해당 승객의 여권과 서류는 객실 사무장이 보관하고 도착 후 지상 직원에게 신병과 함께 인계하도록 한다.

(6) 호송 죄수

호송 죄수는 호송관과 함께 탑승하고 하기하며, 목적지 도착 시에는 일반 승객이 모두 하기한 후에 하기해야 한다.

(7) 시각 및 청각 장애인

시각 및 청각 장애인은 성인을 동반하거나 안내견(Guide Dog)을 동반하고 여행할 경우, 일반 승객과 동일하게 취급한다. 동반자가 없는 시각 장애인이 지팡이를 이용할 경우 지팡이 반대쪽에서 안내하고, 지팡이를 이용하지 않을 경우에는 승객의 오른쪽에 서서 왼손으로 잡아 주고 반걸음 앞서가면서 안내하도록 한다. 청각 장애 승객의 경우, 입 모양을 크게 하고 말을 천천히 하여 승객이 내용을 인지할 수 있도록 하기에 대해 안내하며 필요 시 글을 써서 전달하도록 한다. 비동반 시 · 청각 장애인의 경우, 지상 직원에게 인계하여 하기를 돕는다.

(8) 기내 업무 방해 행위 및 난동 승객

비행 중 기내에서 난동, 흡연, 성추행 및 성희롱, 폭행, 폭언 등 승무원의 기내 업무를 방해하는 행동을 한 승객을 말한다. 도착 전에 Cockpit을 통해 공항 경찰대에 신병 인수를 요청하여, 항공기 도착 후 Door Open을 하면 대기하고 있던 현지 공항 경찰과 지상 직원이 즉각 조치를 취하도록 한다. 이들의 하기 순서는 일반 승객과 동일하게 하여 자연스럽게 하기하도록 하되, 객실 승무원은 도어 근처에서 이들의 인상착의를 기억하고 있다가 해당 승객이 하기할 때 공항 경찰에게 승객의 신병을 인계하도록 한다.

(9) 환승 비행기에 늦은 승객

출발지에서 기상, 정비, 연결편 항공기 지연 등의 사유로 예정 시간보다 늦게 목적지에 도착한 경우, 연결편 비행기 환승까지 시간적 여유가 없는 승객이 있을 수 있다. 이런 경우 항공기 도착 전에 연결편 승객 안내 방송을 실시하고 다른 승객의 양해를 구하여 해당 승객이 먼저 하기할 수 있도록 한다. 또한 연결편 항공기가 이미 출발한 경우, 지상 직원에게 인계하여 다른 연결편 안내나 호텔 투숙 및 기타 편의 조치를 취하도록 안내한다.

(10) 응급환자

게이트(Gate) 도착 후 응급 의료진이 신속하게 응급환자에게 접근할 수 있도록 필요에 따라 응급환자 우선 하기 방송을 실시할 수 있다. 기내에 탑승한 의료진이 응급처치를 수행한 경우, 처치사항을 충분히 숙지해 두었다가 응급환자를 이송하기 위해 도착한 현지 의료진에게 이 사항을 자세하게 설명하고 응급환자를 하기시킨다. 응급 의료 콜 시스템(EMCS: Emergency Medical Call System)을 이용하여 자문 요청을 받은 경우, 자문을 받기 위해 파악한 승객의 건강상태(성별, 나이, 의식상태, 복용 중인 약품, 응급처치 사항 등)를 작성하여 의료진에게 전달한다.

Question & Answer

1. 하기 시 도움이 가장 필요한 특수 승객을 선정하고 승객에게 어떤 도움을 줄 수 있는지 자신만의 아이디어를 생각하여 아래에 작성해 봅시다.

Level up Role Play 1

상황 **승객이 두통을 호소하며 약을 요청하는 상황**

Tip

- 담당 승무원은 승객의 불편사항을 귀 기울여 듣고 공감을 표현한다.
- 기내 비상약을 제공하기 전에 약에 대한 알레르기가 있는지 확인한다.
- 상기의 사실을 객실 사무장에게 보고하고 동료들과 공유한다.
- 승객 하기 시까지 세심하게 응대한다.

응대 방법

응대 대화문

Level up Role Play 2

상황 **승객이 화장실에서 악취가 난다며 컴플레인을 하는 상황**

Tip

- 담당 승무원은 승객의 이야기에 공감하고 경청하며 불편사항에 대해 즉시 사과한다.
- 화장실의 변기, 바닥, 세면대 등 오물이 묻었는지 확인하고, 화장실용 스프레이 방향제를 분사하여 악취를 제거하도록 한다.
- 승객 하기 시까지 세심하게 응대한다.

응대 방법

응대 대화문

PART 03

승객 하기 후 관리

CHAPTER 06 기내 유실물 점검

유실물 점검하기

유실물 처리 절차

CHAPTER 07 잔류 승객 점검

잔류 승객 점검하기

잔류 승객 보고하기

잔류 승객 조치하기

CHAPTER 08 기내 설비 및 장비 점검

객실 설비 및 장비 점검 방법

객실 일지(Cabin Log) 작성 방법

CCHAPTER 09 기내 용품 인수인계

기내 용품 인수인계

해외 공항 도착 시 인수인계

모기지 도착 시 인수인계

CHAPTER 10 디브리핑 및 비행 관련 보고

디브리핑(Debriefing)

디브리핑 시 필요한 내용

디브리핑 후 추가 업무

기내 유실물 점검

CHAPTER 06

학습목표

- 승객 하기 후 기내 유실물 점검 시 수하물 선반을 열고 눈으로 확인할 수 있다.
- 기내 유실물 발견 시 처리 절차를 알 수 있다.

Airline News!

가장 많은 항공기 유실물은 여권과 신분증으로 하루 37명꼴!

인천국제공항 자료에 의하면 유실물은 2018년에 2015년보다 2배가량 증가하여 최근 5년간에는 24만 건을 기록하였다. 가장 많은 유실물은 여권과 신분증으로 하루 37명이 분실한 셈이다. 그 뒤를 쇼핑백, 가방, 휴대폰, 의류, 지갑류, 전자기기와 노트북이 각각 차지하였다. 하지만 유실물의 반환율은 평균 42%에 그쳐 현장에서 즉각 반환되도록 해야 한다.

출처: 한국일보 2019.10.19.

손님 하기 후 기내

1. 유실물 점검하기

승객의 하기가 완료된 후 각 클래스별로 승객이 두고 내린 물건이 있는지 유실물 점검을 실시한다. 기내의 모든 짐 보관 장소와 승객이 짐을 두었을 만한 모든 공간을 빈틈없이 점검한다. 시점과 장소별로 유실물을 점검하는 자세한 방법은 다음과 같다.

- 하기 직후 유실물 점검을 실시한다.
- 담당 승무원은 항공기의 뒤에서부터 모든 오버헤드 빈(Overhead Bin)을 열면서 앞으로 이동하는 식으로 점검한다.
- 오버헤드 빈의 안쪽 깊숙한 곳에 유실물이 남아 있을 수 있으므로, 좌석 위에 올라가서 오버헤드 빈의 안쪽까지 살펴본다.
- 승객 좌석 위에 올라갈 때 좌석이 오염되거나 손상되지 않도록 주의한다.
- 코트룸(Coatroom)을 열고, 안쪽까지 깊숙이 확인한다.
- 승객의 좌석 하단에 유실물이 있지 않은지 확인한다.
- 승객 좌석 주머니에 손을 깊숙이 넣어서 유실물이 남아 있는지 확인한다.
- 좌석과 좌석 사이를 점검하고 팔 받침대(Arm Rest)를 올려서, 승객의 잔여 물품이 남아 있는지 확인한다.

• 비행 중 맡아 둔 보관 물품을 모두 승객에게 인계했는지 재확인한다.
• 승객 좌석의 베개나 담요를 정리하면서 유실물이 남아 있는지 확인한다.

⦿ 유실물 점검을 위한 장소

승객 좌석

승객 좌석 팔걸이

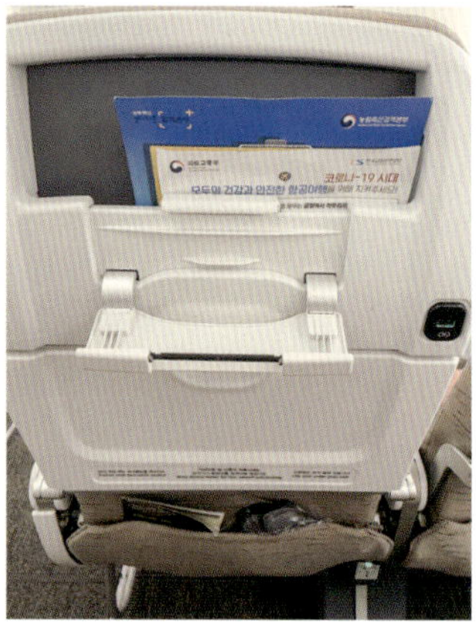
승객 좌석 주머니

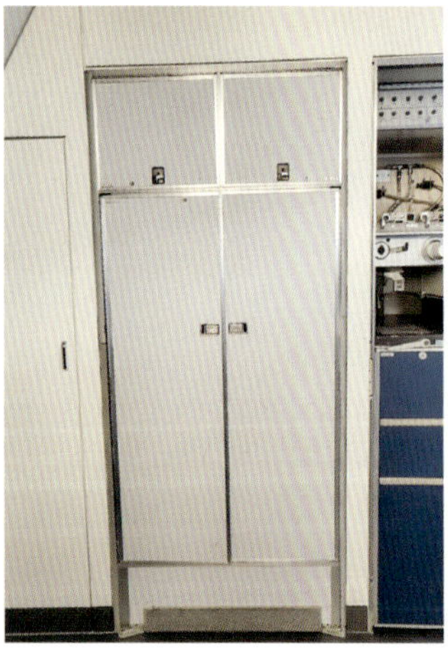
코트룸(Coatroom)

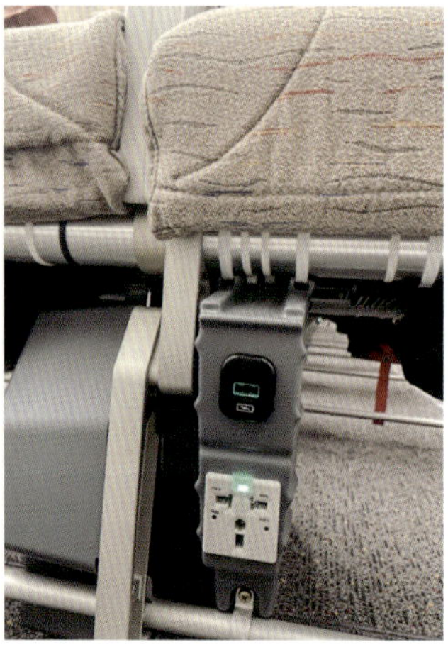
좌석 하단

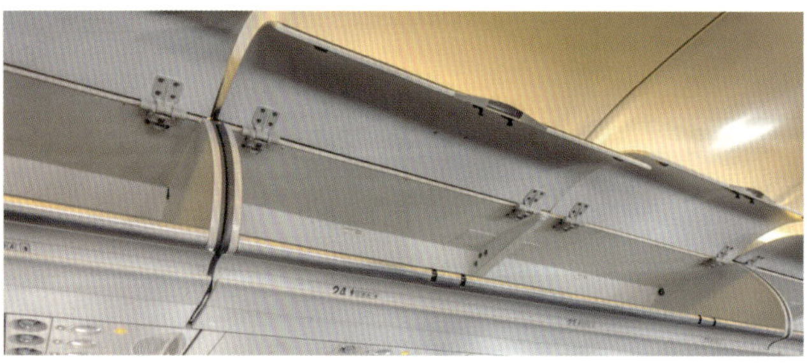
오버헤드 빈(Overhead Bin)

2. 유실물 처리 절차

기내 유실물을 점검한 후에 유실물이 발견되었을 경우, 객실 승무원의 처리 절차에 대해 살펴보면 다음과 같다.

1 유실물 발견 장소 확인

구체적인 발견 장소를 기억한다. (예: 48A 승객 좌석 하단에서 유실물 발견)

2 내용물 확인

유실물 내용물을 확인한다. (예: 기내에서 구입한 면세품 화장품임을 확인)

3 객실 사무장에게 즉시 보고

담당 승무원은 객실 사무장에게 유실물을 발견한 사실을 구두로 보고한다.
(예: "사무장님, 48A 좌석 하단에서 면세품 화장품 유실물이 발견되었습니다.")

4 처리 방법 선택

❶ 하기한 지 얼마 지나지 않았고, 승객이 멀리 나가지 못한 시점일 경우, 신속하게 뛰어가서 승객에게 전달한다.
주의사항: 여권이나 그 외 몇 가지 서류는 입국과 환승에 중요한 서류이므로 신속히 전달한다.

❷ 승객을 찾을 수 없는 경우, 운송 직원에게 유실물을 전달한다.

❸ 운송 직원이 없는 경우, 분실물 창구에 가서 직접 인계한다.

5 객실 사무장 운항 보고서 작성

객실 사무장은 운항 보고서(Purser's Flight Report)에 발견된 유실물의 내용(발견 장소, 내용물, 인계한 운송 직원의 인적사항 등) 정보를 기재한다.

기내 유실물 발견 시 처리 절차

공항 내 유실물 정보 안내판

기내에서 발견된 유실물은 위와 같은 처리 절차를 거쳐서 승객에게 전달된다. 만약 승객이 입·출국 후 기내에 두고 온 물품이 있다는 사실을 알게 된 경우, 항공사마다 유실물을 찾아볼 수 있는 제도가 마련되어 있다. 또한 인천공항 내 구역별로 유실물을 보관하는 처리 기준이 있으니, 이를 참고하여 승객에게 안내한다.

대한항공의 유실물 검색

- 대한항공 유실물 센터에서는 탑승 수속 카운터나 직영 라운지 혹은 기내에서 발견된 물품에 한하여 유실물을 보관한다.
- 보관 유실물은 30일간 보관 후 폐기된다.
- 개인 신상과 관련된 물품(여권, 신분증 등), 귀중품(현금, 귀금속, 노트북이나 태블릿 등 전자제품)은 각 공항 경찰대로 인계된다.
- 승객은 직접 대한항공 유실물 센터의 웹사이트를 방문하여 자신의 정보(지역, 공항, 날짜)를 기입한 후 보관되고 있는 유실물을 조회할 수 있다.
- 직접 공항을 방문해서 유실물 픽업이 가능하며, 배송 불가 항목이 아닌 경우에는 일반 택배비를 지불한 후 유실물을 배송받을 수 있다.

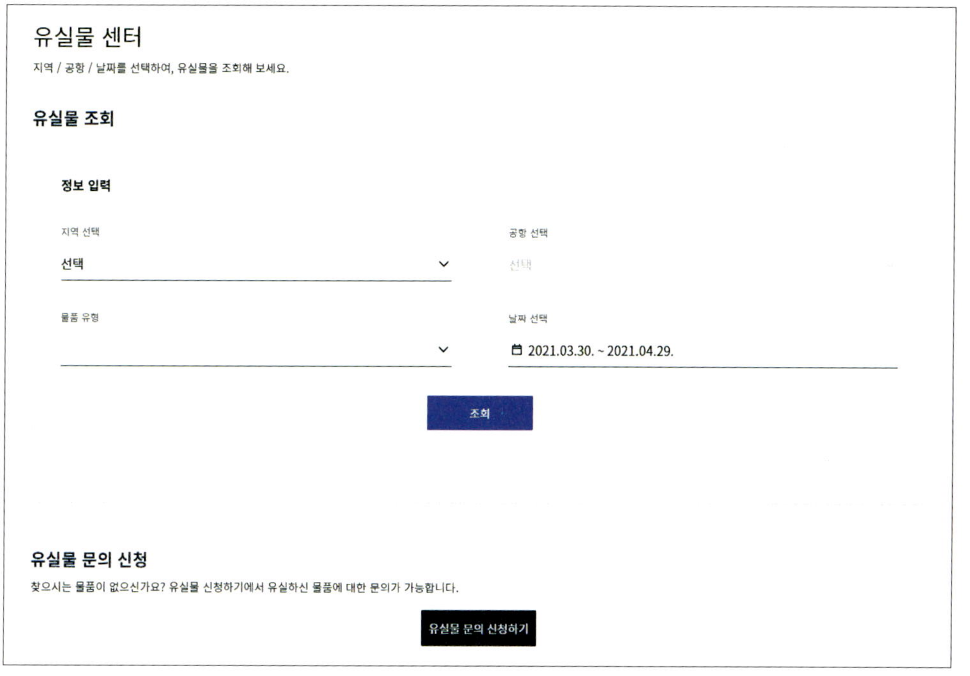

출처: 대한항공 유실물 센터 웹사이트

공항 내 분실 가방

인천공항 내 구역별 유실물 연락처

<table>
<tr><th>유실물 처리 구역</th><th>담당 기준</th><th>연락처</th></tr>
<tr><td rowspan="2">여객 터미널 및 탑승동
교통센터 공용 지역
커브사이드 및 주차장</td><td>제1 여객터미널 유실물 관리소</td><td>032-741-3110</td></tr>
<tr><td>제2 여객터미널 유실물 관리소</td><td>032-741-8988</td></tr>
<tr><td rowspan="2">항공기 내 분실물 및 수하물 관련사항</td><td>대한항공 유실물 센터</td><td>032-742-5194</td></tr>
<tr><td>저비용 항공사, 외국 항공사</td><td>1577-2600</td></tr>
<tr><td rowspan="2">보세구역(면세점, 탑승 게이트, 입국장) 내</td><td>제1 여객터미널 세관 휴대품과</td><td>032-723-5133</td></tr>
<tr><td>제2 여객터미널 세관 휴대품과</td><td>032-723-5133</td></tr>
<tr><td rowspan="4">공항버스 및 공항철도 분실물</td><td>공항 리무진</td><td>032-743-7607</td></tr>
<tr><td>KAL 리무진</td><td>02-2667-0386</td></tr>
<tr><td>공항철도</td><td>032-745-7777</td></tr>
<tr><td>지방버스 유실물</td><td>1577-2600</td></tr>
</table>

출처: 인천공항 웹사이트

Question & Answer

1. 하기 시 쇼핑백이 바뀐 것 같다고 이야기하는 승객을 어떻게 도와드릴 수 있을지 생각해 보고, 아래 빈칸에 정리해 봅시다.

Level up Role Play 1

상황 **하기 직후 승객이 항공기로 돌아와 유실물 확인을 요청하는 상황**

Tip

- 승객이 유실물을 놓고 간 장소를 기억하는지 확인한다.
- 승객의 좌석을 확인한다.
- 유실물을 놓고 간 장소를 모를 경우, 다른 구역(Zone)의 승무원에게 유실물이 나왔는지 확인하며 유실물을 찾아본다.
- 유실물 처리 절차를 따라 응대한다.

응대 방법

응대 대화문

Level up Role Play 2

상황 승객이 하기 도중 좌석에 짐을 두고 나왔다며 역행하여 기내로 들어가려는 상황

Tip

- 먼저 승객의 좌석 위치를 여쭈어 본다.
- 좌석을 확인한 후 유실물을 찾아본다.
- 확인 불가 시 다른 승객들에게 양해를 구하고 해당 승객과 함께 찾아본다.

응대 방법

응대 대화문

잔류 승객 점검

CHAPTER 07

학습목표

- 객실 서비스 규정에 따라 밀폐 공간(화장실 및 벙크) 내 잔류 승객 여부를 점검할 수 있다.
- 도움이 필요한 특수 고객의 경우 입국에 필요한 서류의 작성 여부를 점검하고 안내할 수 있다.

Airline News!

벙크(bunk) 안 좁은 공간에 숨어 밀입국하던 중국인 여성 적발!

국내 항공사의 비행기를 타고 미국으로 밀입국하던 중국인 여성 3명이 적발되었다. 조사 결과 이들은 승무원 휴게실인 벙크 안에 숨어 있었던 것으로 밝혀졌다. 해당 항공사는 대형 여객기의 구조가 복잡해 철저한 보안 검색이 어렵다고 해명했지만 비난을 피할 수 없으며, 이를 통해 잔류 승객 점검의 중요성이 부각되었다.

출처: SBS NEWS 2013.04.15.

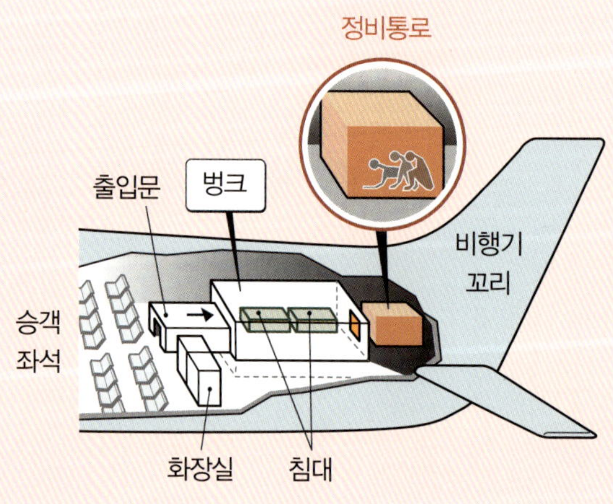

1. 잔류 승객 점검하기

비행기가 도착지에 도착하였지만, 개인적인 상황에 따라 사정상 비행기에서 하기하지 못하고 잔류하는 승객이 있을 수 있다. 어떤 이유로 신속히 하기하지 못하고 비행기에 잔류하고 있을지 승객의 입장에서 생각해 보고 그들의 상황을 이해하려는 노력이 필요하다.

혹시라도 객실 승무원의 도움이 필요한 승객이 비행기에 잔류할 상황을 대비하여 승객이 하기한 후 객실의 오버헤드 빈(Overhead Bin)을 모두 열고, 기내의 모든 구역을 순찰하여 남아 있는 승객이 있는지 점검한다. 특히 아래의 장소는 잔류 승객이 많이 발생하는 곳으로 더욱 꼼꼼히 확인해야 한다.

객실 내 잔류

좌석 잔류

KITTIKUN YOKSAP / Shutterstock.com

갤리 내 잔류

승객의 잔류가 예상되는 여러 가지 상황을 작성해 보기

- 술에 취해서 잠들어 있는 경우

메스꺼움으로 힘들어하는 승객

두통으로 고통받는 승객

(1) 화장실(Lavatory)

목적지에 도착한 후에도, 승객이 화장실에서 쓰러져 하기하지 못한 경우가 있을 수 있으니 기내의 모든 화장실을 개방하여 확인한다. 이때 화장실 밖에서 노크를 하고, 반응이 없을 경우에는 밖에서 도어를 개방하여 문을 열고 안으로 들어간다. 기내에는 클래스별로 많은 화장실이 있다. 따라서 객실 승무원은 담당 구역을 중심으로 기내 순찰(Walk around)을 하고, 기내의 모든 화장실을 열어 보며 잔류 승객을 확인해야 한다.

Boeing 777-300 구조

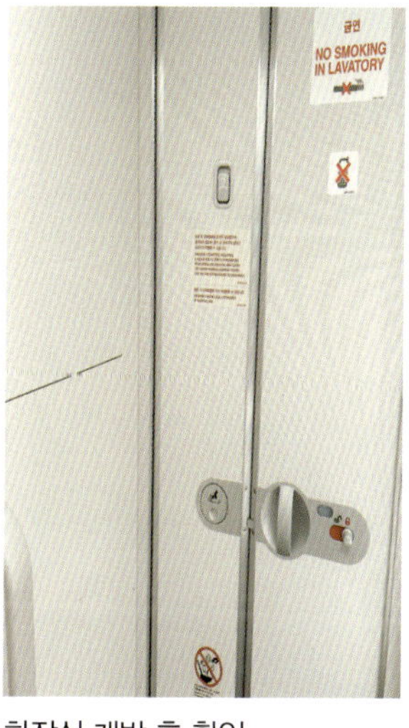

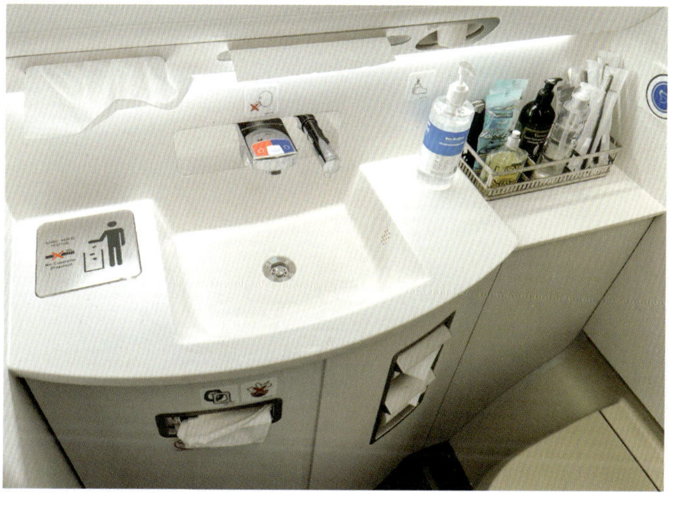

화장실 개방 후 확인

화장실 이용 중(Occupied) 표시

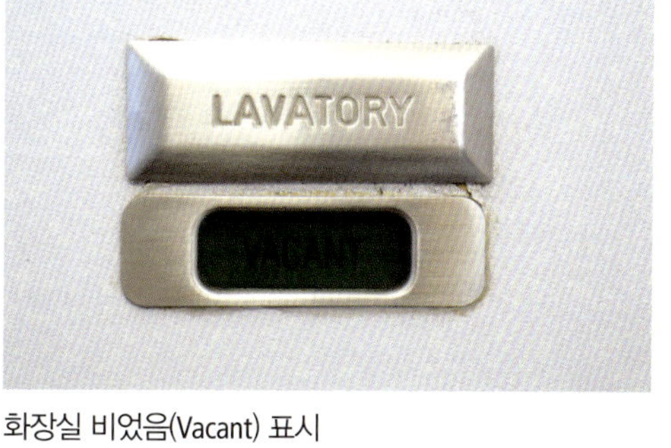

화장실 비었음(Vacant) 표시

Jordan Tan / Shutterstock.com

Boeing 787 벙크

(2) 벙크(Bunk)

항공기에는 객실 승무원의 휴식을 위한 장소로 벙크가 설치되어 있다. 객실 승무원은 항공기 벙크에 잔류 승객이 있을 가능성을 확인하기 위해 항공기마다 상이한 벙크 위치를 파악하고, 잔류 승객 여부를 점검해야 한다.

항공기 벙크(Bunk) 구조 및 위치

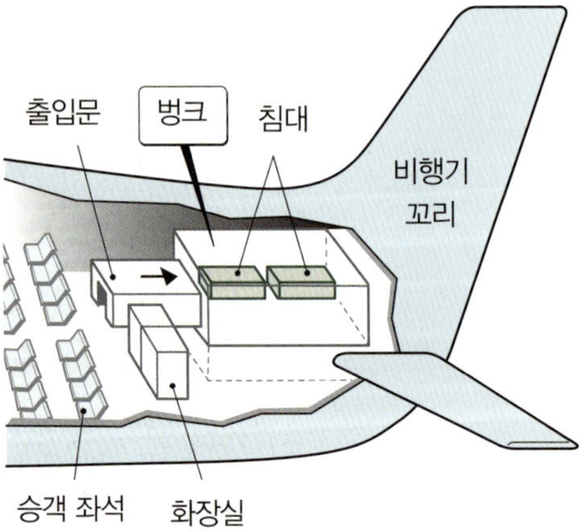

Boeing 747-400 벙크 위치

각 항공사는 항공기를 구매할 때 규모나 위치를 별도로 지정하여 벙크를 설계한다. 따라서 벙크 내의 인테리어 또한 항공사마다 다르다. 대한항공의 경우 주로 장거리를 운항하게 되는 Boeing 747–400과 Boeing 777–200, A330, A380에 벙크가 설치되어 있고, 항공기마다 벙크의 위치도 다르다. Boeing 747–400의 벙크는 그림과 같이 꼬리날개 쪽에 위치하여 있고, 출입문이 화장실문과 연이어 있어 가끔 승객들이 화장실로 착각하여 문을 열려고 애쓰기도 한다. Boeing 777-200과 A330은 객실 복도 아래 화물칸에 있다. 벙크 내엔 인터폰과 에어컨이 있고, 2층 침대로 구성되어 있는 것이 일반적이다.

승무원들은 비행 중 이 공간에 마음대로 출입이 가능한 것은 아니다. 항공법 시행령 제143조 객실 승무원의 승무시간 기준에서 정한 휴식시간에만 벙크에서 취침이 가능하다. 또한 벙크에서 음악을 듣거나 책을 읽는 등 행위는 허용하지 않는 경우가 많으며, 이곳은 장거리 비행에서 취침하여 휴식을 취한 후 남은 비행을 이행하기 위한 목적으로 사용해야 한다.

2. 잔류 승객 보고하기

잔류 승객 발견

기내 방송 시스템으로 알리기	도움이 필요한 경우 지상 직원에게 지원 요청하기	잔류 승객 하기 전에 지상 조합원이 탑승하지 않도록 안내하기

잔류 승객 보고 절차

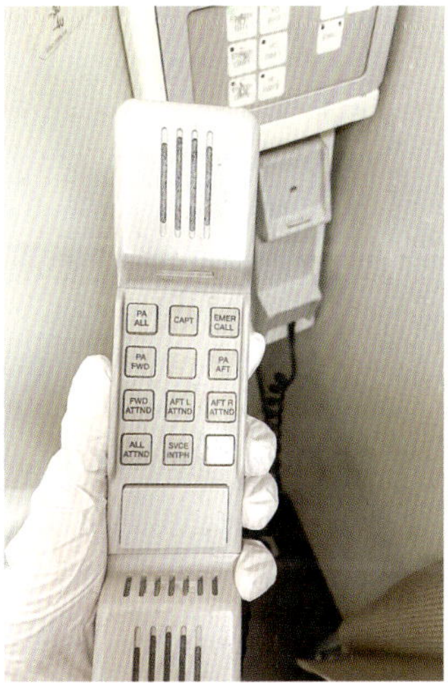

- 잔류 승객을 발견한 승무원은 객실의 모든 승무원이 알 수 있도록 기내 방송 시스템(PA System) 방송으로 알린다.
- 하기 시 지상 직원이 필요한 경우, 지상 직원에게 도움을 요청하여 하기가 신속히 이루어질 수 있도록 적극적인 지원을 한다.
- 특히 항공기 연결편일 경우, 잔류 승객으로 항공기의 지상 작업이 지연되지 않도록 신속한 도움을 주어야 하며, 승객이 하기하기 전에 지상 조합원의 작업이 시작되지 않도록 알려야 한다.
- 잔류 승객이 하기하지 않은 채 지상 케이터링이 이루어지지 않도록 하기 위해 뒤쪽의 항공기 Door Open Sign을 주지 않고 대기한다.

3. 잔류 승객 조치하기

기내에 있는 많은 승객들이 승무원의 지원을 필요로 한다. 예상되는 잔류 승객별로 승무원이 조치할 내용을 생각해 보면 다음과 같다.

1) 빈번하게 발생하는 응급 상황별 조치

2020년도 항공기 내 환자 발생 현황에 대한 조사에 따르면, 항공사에 따라 환자 발생 현황은 승객 백만 명당 24건에서 130건으로 차이가 있지만 대부분 단순 증상에 의한 것으로 밝혀졌다. 가장 흔한 증상 1위는 실신(22%), 2위는 소화기계 증상(17%), 3위는

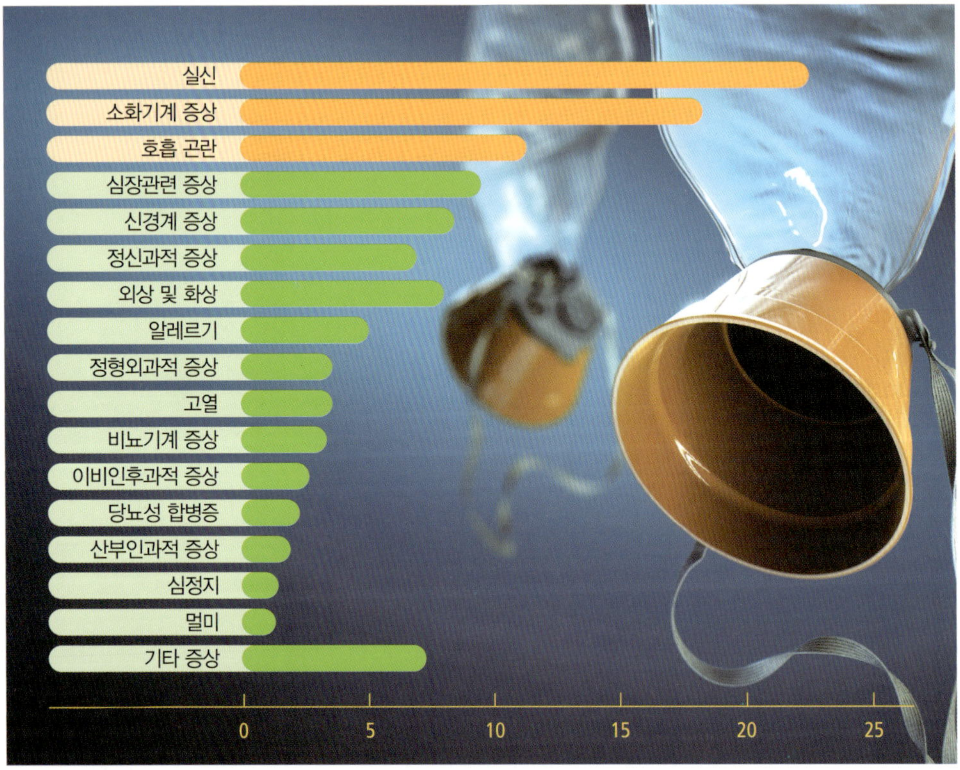

기내에서 많이 발생하는 응급 상황

출처: 김정언, 박나리, 김정하, 권영환(2020). 한국형 기내 의학적 상황 대처 방안 안내서. 항공우주의학회지, 30(1), 3-17

우리가 생각하는 잔류 상황별 조치

잔류하고 있는 상황을 생각해 봅시다.	승무원 조치
술에 취해서 잠들어 있는 경우	조심히 다가가서 항공기 도착을 알리며 혹시 불편한 점이 있는지 확인하고, 하기 시 필요한 물건이나 짐을 두고 내리지는 않는지 확인하고 신속한 하기를 돕는다.

호흡곤란(10%)으로 집계되었다. 잔류 승객 중 이러한 이유로 하기가 지연되는 경우, 다음과 같은 응급처치를 시도해야 한다.

빈번히 발생하는 증상별 응급처치 방법

상황	증상	응급처치 방법
1위 실신	• 땀을 흘린다. • 의식이 없다. • 호흡이 가빠지며, 맥박이 빨라지거나 느려지기도 한다.	• 꽉 조이는 옷을 느슨하게 풀어 준다. • 눕힌 상태에서 발을 들어 올려 정맥 순환을 개선한다. • 이마에 냉찜질을 한다. • 의식을 회복하면 따뜻한 물을 제공한다. • 의식이 회복되지 않을 경우, 산소를 투여하거나 기도를 유지하고, 지상 의료진에게 도움을 요청한다.
2위 소화기계	• 항공기의 기압, 진동, 변화된 식사 등의 영향으로 인한 복통, 구역, 설사	• 옷을 느슨하게 해 주고 편안한 자세를 취하게 한다. • 항공사에 따른 일반 의약품인 소화제나 제산제를 제공한다. • 필요시 정맥 수액 공급을 시도할 수 있다. • 지상 의료진에게 도움을 요청한다.
3위 호흡곤란	• 기내의 산소나 습도 저하로 인한 호흡곤란 • 이물질에 의한 기도 폐쇄로 인한 호흡곤란	• 산소를 제공하여 호흡을 원활하게 하도록 한다. • 이물질에 의한 기도 폐쇄인 경우, 신속히 지상 의료진에게 도움을 요청한다.

2) 잔류하고 있는 응급환자 조치 방법

응급 상황으로 인해 잔류하고 있는 승객 발견 시 아래와 같은 절차를 수행하여 승객이 신속히 하기되어 의료진에게 인계되도록 하며, 필요한 경우 객실 승무원이 응급처치를 실시한다. 만약 기내 의료진이 아직 하기 전이라면, 의료진의 도움을 요청할 수 있다. 또한 기내에 탑승한 의사가 기내에서 환자를 진찰한 후 서류 작성을 요청하는 경우도 있다.

응급환자 잔류 승객의 조치 절차

Question & Answer

1. 항공기가 지상에 도착한 후, 승객이 휴대폰을 분실한 것을 알아차리고 하기하지 못하고 있는 상황이다. 자신이 승객의 입장이 되어 승무원이 다가와 어떻게 도와주면 좋을지 작성해 봅시다.

승객의 마음이 어떨까요?

승무원이 어떻게 도와주길 바랄까요?

Level up Role Play 1

상황 **승객 하기 시 주무시는 승객을 발견한 상황**

Tip

- 비행기가 도착하였음을 조심스럽게 알린다.
- 잠이 덜 깬 상태에서 급히 서두르지 않도록 천천히 하기할 것을 안내한다.
- 잊은 물건이 있는지 다시 한번 확인하도록 안내한다.

응대 방법

응대 대화문

Level up Role Play 2

상황 **멀미를 한다며 도움을 요청하는 승객**

Tip

- 기내에 비상약이 있음을 안내한다.
- 특정 약에 알레르기가 있는지 확인한다.
- 알레르기가 없을 경우, 약을 물과 함께 가져다 드린다.

응대 방법

응대 대화문

기내 설비 및 장비 점검

CHAPTER 08

학습목표

- 객실 내에 장착되어 있는 모든 객실 설비의 점검 업무를 수행할 수 있다.
- 객실 내에 장착되어 있는 모든 객실 장비의 점검 업무를 수행할 수 있다.
- 객실 설비나 장비에 이상이 있을 경우, 객실 일지(Cabin Log)에 기록할 수 있다.

Airline News!

'유압계통 고장' 울산행 에어부산 항공기 김포공항 회항

에어부산 항공기가 30일 오후 김포공항에서 출발해 울산으로 향하던 중 기체결함으로 회항했다. 도착지 공항을 불과 40여km 앞두고 제동장치와 관련이 있는 유압계통에 이상 신호가 뜨자 기장이 김포공항으로 기수를 돌렸다. 이로 인해 탑승객 133명이 공항에서 3시간을 대기한 후 3편의 대체 항공편에 분산 탑승하는 큰 불편을 겪었다.

출처: SBS NEWS 2019.07.30.

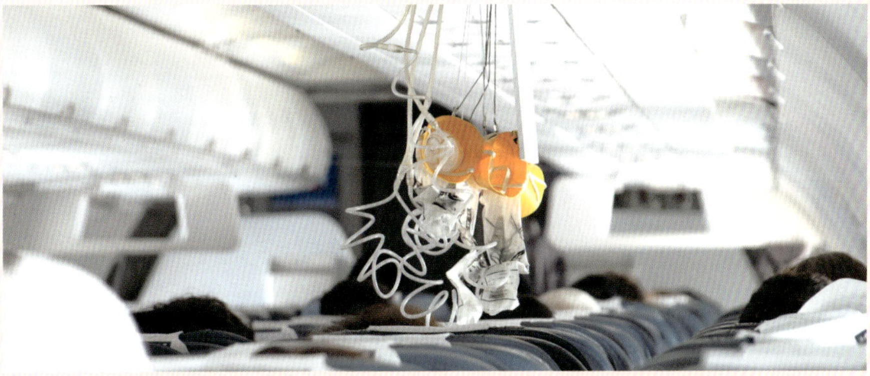

1. 객실 설비 및 장비 점검 방법

승객 하기 후 객실 설비 및 장비 점검

객실 승무원이 담당 구역(Zone)의 객실 설비 및 장비의 이상 유무를 확인하기	이상 발견 시 관련 내용을 객실 사무장에게 보고하기	객실 사무장이 관련 내용을 객실 정비사에게 구두 및 문서로 전달하기

승객 하기 후 객실 설비 및 장비 점검 절차

1) 객실 설비 점검

승객이 하기한 후, 객실 승무원은 비행 중 사용된 객실 설비를 확인하고 점검하여 이상이 있을 경우 해당 구역(Zone), 클래스, 좌석번호, 관련 내용 등을 객실 사무장에게 보고한다. 객실 사무장은 다음 편 비행에 문제가 되지 않도록 객실 정비사에게 관련 내용을 구두 및 문서로 알려 장비가 교체되거나 정상으로 작동되도록 조치한다. 자세한 사항은 아래와 같다.

(1) 갤리 점검

- 객실 승무원은 비행 중 갤리에 이상이 있거나 오작동하는 설비가 있는 경우, 정확한 확인이 이루어지도록 점검한다.
- 냉장고(Refrigerator), 커피메이커(Coffee Maker), 오븐(Oven), 전자레인지(Microwave), 워터보일러(Water Boiler), 쓰레기 압축기(Trash Compactor), 배수구(Drain) 등의 설비가 제대로 작동하는지 확인하고 점검한다.

(2) 화장실(Lavatory) 점검

- 각 승무원 좌석(Jumpseat) 주변의 화장실은 해당 좌석에 착석했던 승무원이 점검하도록 한다.
- 화장실을 점검한 후에는 크리넥스, 롤페이퍼 등의 화장실 용품 보관함을 열어 두어 담당 직원이 화장실 용품을 재확인하고 보충하도록 한다.

- 화장실 문 잠김 상태, 세면대 배수 여부, 물 내림(Flushing) 상태, 쓰레기통 뚜껑의 닫힘 상태 등이 제대로 작동하는지 점검한다.

⊙ 갤리 및 화장실 점검

워터보일러(Water Boiler)

워머(Warmer)

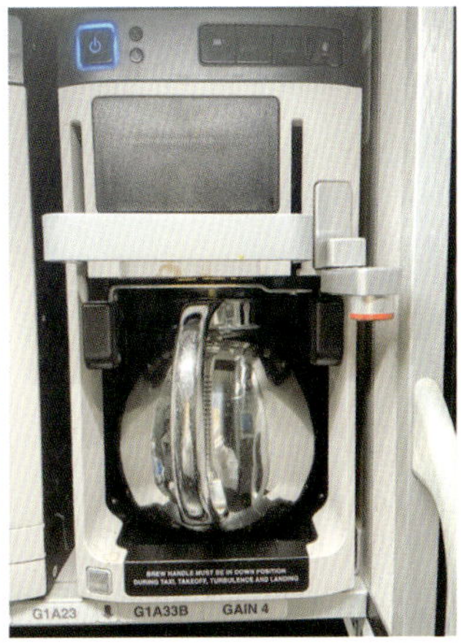
커피메이커(Coffee Maker)

냉장고(Refrigerator)

배수구(Drain)

캐리어 박스(Carrier box)

세면대 배수(Drain) 여부

쓰레기통 뚜껑의 닫힘 상태

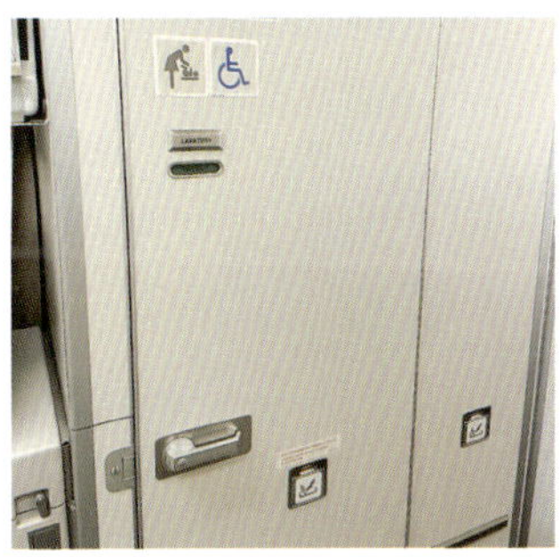
화장실 문 잠김 상태

(3) 승객 좌석 점검

- 객실 승무원은 담당했던 구역(Zone)의 승객 좌석 등받이, 식사 테이블(Tray Table), 발 받침대(Foot Rest) 등이 제대로 작동하는지 이상 유무를 점검한다.
- 기내 전체 좌석의 PSU(Passenger Service Unit)에 있는 승무원 호출 버튼, 독서등을 작동시켜 좌석별로 제대로 작동하는지 여부를 확인한다.

⦿ 승객 좌석 점검

PSU

(4) 객실 조명 점검

승객 하기가 완료된 후 객실 사무장이 객실 조명 점검 시, 담당했던 구역의 객실 승무원은 객실 조명이 단계별로 정확히 조절되고 작동되는지, 깜박이거나 조명이 안 켜지는 구역이나 클래스, 좌석이 있는지 등의 이상 유무를 확인한다.

(5) 인터폰 점검

- 비행 중 기내 방송 시 귀에 거슬리는 파열음이 나거나 음량 조절이 잘 안 되어 음성이 크거나 작게 방송되는 등의 문제점 유무를 확인한다.
- 비행 중 또는 승객 하기 후 객실 간 및 조종실 간 인터폰 사용 시 연결 등의 이상 유무를 확인한다.

⊙ 객실 조명 및 인터폰 점검

기내 조명

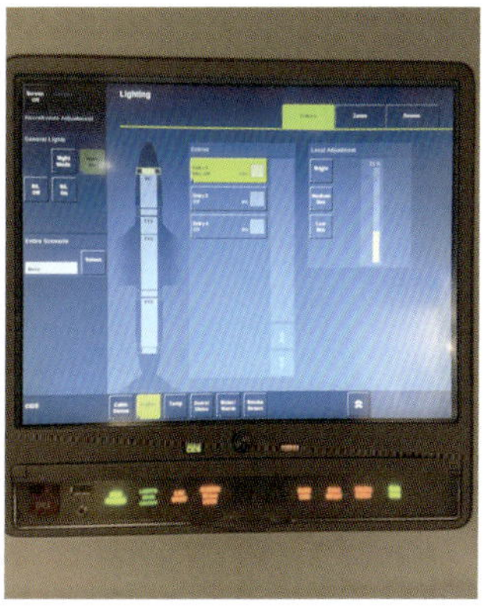

기내 조명 조절 패널

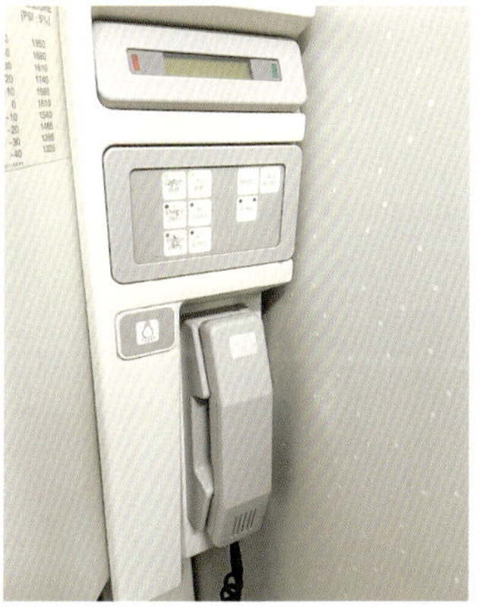

인터폰

(6) 모니터 및 스크린 점검

비행 중 승객 좌석의 AVOD 시스템, 스크린, 개인 리모콘, 헤드셋 접속 불량 여부, 개인용 전원공급장치 작동 여부, 영화 상영물 기기 작동 여부 등의 이상 유무를 파악한다.

모니터

스크린

2) 객실 장비 점검

승객 하기 후 비행 중에 사용된 객실 장비를 확인하고 점검하여 이상이 있을 경우 객실 승무원은 객실 사무장에게 관련 내용을 보고한다. 객실 사무장은 다음 편 비행에 문제가 되지 않도록 객실 정비사에게 구두 및 문서로 전달하여 장비가 교체되고 정상 작동하도록 조치한다.

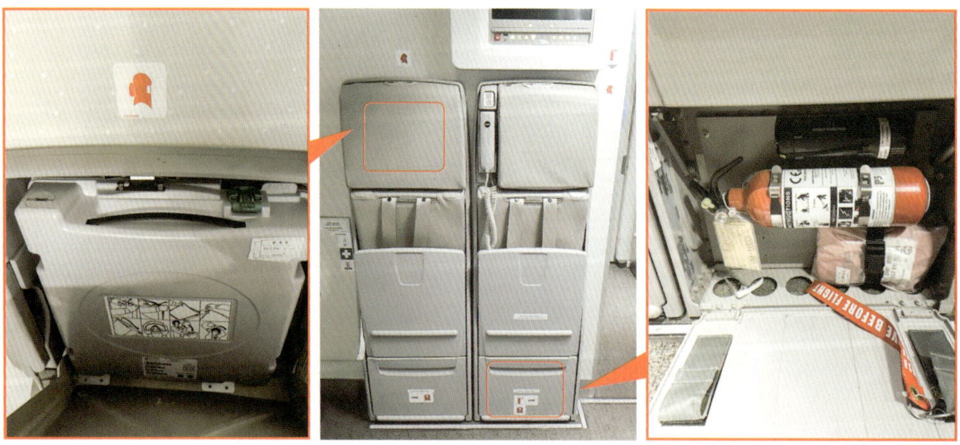

승무원 좌석 비상장비

(1) 승무원 좌석(Jumpseat) 주변 비상장비

- PO_2(Potable Oxygen Bottle)는 비행 중 응급환자에게 산소를 공급하기 위해 사용되는 장비이다. 정위치, 마스크와 튜브가 있는지, 마스크와 PO_2 아웃렛(Outlet)의 연결 상태, 압력 게이지 상태(1,600psi 이상) 등을 확인한다.
- Fire Extinguisher는 기내 화재 발생 시 화재를 진압하기 위해 사용되는 장비이다. H_2O 소화기는 정위치 및 Sealing 상태를 확인하고, Halon 소화기는 정위치, 압력 게이지(Green Band), Sealing 상태를 확인한다.
- PBE(Protective Breathing Equipment)는 기내 화재 진압 시 연기 및 유독성 가스로부터 진압 승무원의 호흡과 안면을 보호하기 위한 장비로, 포장 비닐의 진공상태 및 정위치를 확인한다.

PO_2

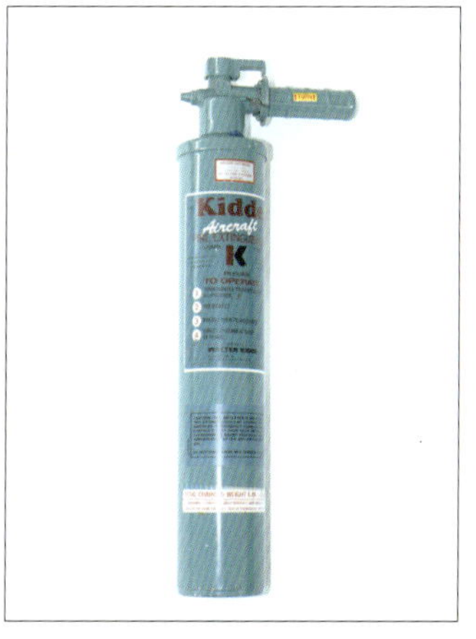

H_2O 소화기

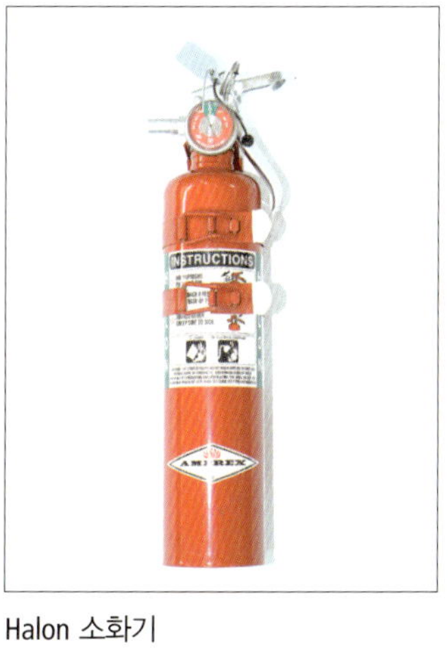

Halon 소화기

PBE

(2) 기타 장비

- 메가폰은 비상탈출 시 탈출을 지휘하고 승객에게 정보를 제공하는 장비이다. 정위치, 고정상태와 작동 버튼을 눌러 소리가 나는지 확인한다.
- ELT(Emergency Locator Transmitter)는 비상탈출 후 해상과 육상에서 구조를 요청하는 장비로, 정위치에 있는지 확인한다.
- FAK(First Aid Kit)는 비행 중 승객의 부상 및 질병 발생 시 사용하기 위해 기내에 탑재되는 의약품으로, 정위치 및 Sealing 상태를 확인한다.
- EMK(Emergency Medical Kit)는 비행 중 환자 발생 시 기내에 탑승한 전문 의료인이 사용할 수 있는 의료장비로, 정위치 및 Sealing 상태를 확인한다.
- AED(Automated External Defibrillator, 심실자동제세동기)는 비행 중 의식, 호흡, 맥박이 없는 심장마비 환자에게 전기충격을 가해 심장 조직이 다시 활성화되도록 하는 의료장비로, 정위치, 유효기간, 배터리 충전 상태를 확인한다.
- 연기 감지기(Smoke Detector)는 화장실에서 발생하는 연기를 감지하는 장치로, 이물질이 끼었는지 확인한다.

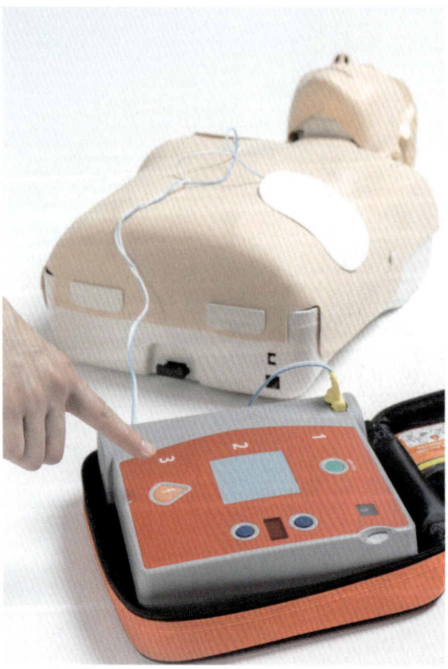
AED

메가폰

FAK

연기 감지기(Smoke Detector)

2. 객실 일지(Cabin Log) 작성 방법

비행 전 점검 시에 발견된 객실 결함, 비행 중 및 비행 후 발견된 객실 설비 및 장비의 문제점을 구두로 전달하고 객실 일지에 기재하여 정비사와 기장에게 알린다. 객실 일지의 구체적인 작성 방법은 아래와 같다.

- 객실 일지 상단에는 항공기 번호(HL ○○○○), 날짜, 비행편수, 구간, 객실 사무장 이름 등을 기재한다. 항공기 안전 설비 및 일반 설비에 이상이 있을 경우, 중단에는 안전 설비에 관한 사항을, 하단에는 객실 일반 설비에 관한 사항을 기재한다.
- 'ITEM'란에 숫자로 순번을 기재하고, 결함 내용은 객실 일지 뒤 커버 안쪽에 부착되어 있는 'Cabin Defects List'를 참고하여 'DEFECT DESCRIPTION'란에 좌석번호, 위치, 해당 설비, 결함 내용 등을 영어로 정확히 기재한다.

ITEM	DEFECT DESCRIPTION
1	23A SEAT BACK DOES NOT STAY UPRIGHT

객실 일지(Cabin Log) 작성 예시

- 기재할 사항이 많아 Page를 넘길 경우, 'CONTINUED TO NEXT PAGE'로 기재한 후 다음 Page에 내용을 이어 기재한다.
- 결함 발생으로 객실 일지를 작성한 경우, 객실 일지는 해당 구간 목적지에 도착하여 승객이 하기한 후에 기장에게 전달한다.
- 객실 사무장은 항상 비행 전에 객실 일지를 확인하여 지난번 비행에서 발생한 결함 사항이 조치되었는지 확인한다. 또한 Defer(부품 부족, 시간 부족 등으로 수리하지 못한 것) 사항이 있을 경우, 비행 중에 같은 결함사항이 발생하더라도 추가로 기재하지 않는다.

Question & Answer

1. 비행 중 한 승객이 기내 온도 점검을 요청했다. 그러나 기내 온도는 정상 온도를 유지하고 있었고 다른 손님은 춥거나 더워 보이지 않는 상황이다. 만약 자신이 요청을 받은 승무원이라면 이 상황에서 승객에게 어떤 서비스를 할 수 있을지 생각해 봅시다.

Level up Role Play 1

상황 **승객이 좌석 등받이 고장으로 불편함을 호소하는 상황**

Tip
- 담당 승무원은 승객의 불편사항을 귀 기울여 듣고 불편에 대해 공감하며 불편을 끼친 점에 대해 즉시 사과한다.
- 좌석에 여유가 있을 경우, 좌석을 변경해 드린다.
- 승객 하기 시까지 세심하게 응대한다.

응대 방법

응대 대화문

Level up Role Play 2

상황 **IFE 시스템 고장으로 승객이 엔터테인먼트 시스템을 사용하지 못하는 상황**

Tip

- IFE 시스템 고장으로 인한 불편사항에 대해 승객에게 진심으로 사과드린다.
- 승객이 다른 좌석을 원할 경우, 가능한 범위 내에서 대체 좌석을 제공한다.
- 승객 하기 시까지 세심하게 응대한다.

응대 방법

응대 대화문

기내 용품 인수인계

CHAPTER 09

학습목표

- 기내 서비스 종료 후 기내 서비스 용품과 면세품을 봉인(Sealing)할 수 있다.
- 해외 공항 도착 시와 모기지 도착 시 인수인계 방법을 파악할 수 있다.

Airline News!

"해외 여행 · 면세점 가요" … 무착륙 국제관광비행 개시

국내 항공사와 관광 · 면세업계가 코로나19로 인한 어려움을 타개하고자 무착륙 국제관광비행을 선보였다. 무착륙 관광비행으로 면세품까지 구입할 수 있다는 장점과 꼼꼼한 방역 조치를 신뢰하여 문의가 쇄도하고 있다고 한다. 이로 인해 많은 사람들이 여행의 목마름을 해소할 것으로 기대된다.

출처: YTN 뉴스 2020.12.12.

1. 기내 용품 인수인계

항공기가 도착한 후 승객의 하기가 종료되고 기내 설비 점검이 마무리되면, 항공사 업무 규정에 따라 기내에 탑재된 모든 캐리어 박스(Carrier Box)를 Seal로 봉인해야 한다. 운송 직원과 함께 봉인상태를 상호 점검하여 Seal에 적혀 있는 번호를 확인하고 인수인계하는 방식으로 진행하며, 봉인 시 Seal이 뜯기지 않았는지 상태를 확인한다.

2. 해외 공항 도착 시 인수인계

1) 서비스 용품의 인수인계

현지 공항에 도착하면 다음 팀의 원활한 서비스 진행을 위해 모든 서비스 용품의 잔량을 기입하여 필요량을 양식에 맞게 리스트로 정리하여 제출한다. 교체팀 객실 승무원이 인계 시 확인하는 절차는 아래와 같다.

- 현지 도착 후 하기하는 객실 승무원은 현지 당국의 세관 업무를 위해 음료 및 서비스 품목의 잔량을 기입하여 Dry Item List를 지상 직원에게 전달한다. 미국 노선에서는 Liquor Item List를 추가하여 지상 직원에게 전달한다. 그리고 이 리스트를 기준으로 다음 편의 필요량을 조절하여 탑재되도록 한다.
- 서비스 용품의 인수인계는 기내 식음료 탑재 담당자가 항공기에 탑승하여 담당 객실 승무원과 상호 확인하게 된다.
- 항공기를 인수받은 객실 승무원은 도착편 객실 승무원이 작성한 리스트를 참고하여 잔량과 필요량을 확인하고 재고가 부족할 경우 담당자에게 요청할 수 있다.
- 서비스 기물(Basket, Tongs, Pots, Tray 등)은 해외 공항에서 하기되지 않도록 캐리어 박스에 잘 보관한다.

⊙ 서비스 용품의 정위치 상태

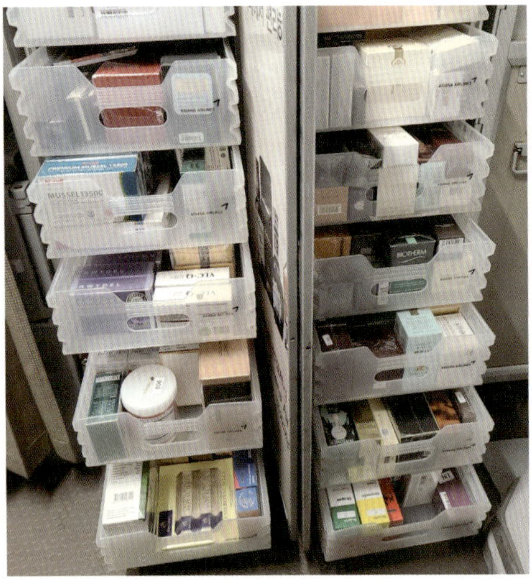

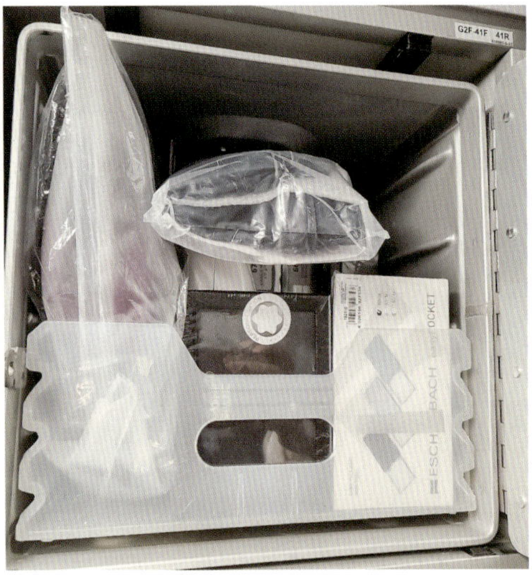

봉인 전 면세품 판매 카트와 캐리어 박스(Carrier Box)

면세품 탑재 정위치 상태

커피 팟(Coffee Pot)의 정위치 상태

음료 카트(Beverage Cart) 내 정위치 상태

SERVICE ITEM INFORMATION

1. Flight & PAX

Flight no	Date	A/C	PAX Total	Extra Crew
JA 021	2021. 12. 24	HL 7321	370	

2. Crew

Galley(Duty)	Aisle(Duty)			
문희정				

3. Champagne & Wine

Champagne	1. 모에샹동 / 2 btl	2. / btl	3. / btl
White Wine	1. 샤블리 / 2 btl	2. 캔달잭슨 / 2 btl	3. / btl
Red Wine	1. 샤또 로칠드 / 3 btl	2. 케이머스 / 2 btl	3. / btl

4. Service Items & Tools

	Quantity	Location	Seal Number
Bamboo Set	3 EA	2C-01	
Menu List		2C-02	
Water Spray		2C-03	
Wine Basket		R1 Coat room	
Newspaper Trolley		1K OHB	
Slipper		〃	
Headphone		〃	
Ramen		R1 Coat room	
고추장		〃	
Magazine		〃	
Giveaway		A1-01	
Lavatory Item		A1-02	
이불		A1-03	

5. Message & PAX Info of Multi-Portion Flight

서비스 용품 인수인계서 예시

IN-FLT SERVICE LIQUOR LIST

(FR ☐, PR ☐, EY ☐, BAR ☐)

ARV FLT/DATE : HL NO : DEP FLT/DATE :

	MERCHANDISE	FULL BOTTLE	PARTIALLY FILLED BOTTLE	TOTAL	SEAL NO
WHISKEY	J/WALKER BLUE - 750ml				
	GLENFIDDICH CASK COLLECTION 1000ml				
	JACK DANIEL - 375ml				
	CHIVAS REGAL 18YEARS - 750ml				
	J/WALKER GOLD - 1000ml				
	CHIVAS REGAL 12YEARS - 50ml				
	GLENLIVET 12YEARS - 50ml				
	JACK DANIEL BLACK - 50ml				
	GRANTS - 50ml				
RUM	BACARDI - 50ml				
GIN	BEEFEATER - 50ml				
VODKA	ABSOLUT - 1000ml				
	ABSOLUT - 50ml				
LIQUEUR	BAILEY'S IRISH CRÈME - 375ml				
	CAMPARI - 500ml				
	COINTREAU - 350ml				
	CRÈME DE CASSIS - 350ml				
	CRÈME DE MENTHE - 500ml				
	PORT WINE SANDEMAN - 750ml				
	TIO PEPE SHERY - 375ml				
	VERMOUTH DRY - 375ml				
	COGNAC REMY MARTIN - 350ml				
	COGNAC VSOP - 50ml				
	CHOYA - 50ml				
CHAMPAGNE	750ml				
WINE	750ml				
	375ml				
	187ml				
BEER	355ml				
OTHERS					

WRITTEN BY : DUTY PURSER :

CUSTOMS INSPECTOR :

주류 리스트 예시

2) 면세품의 인수인계

해외 공항에 도착하면 기내 면세품의 인수인계가 이루어지게 된다. 면세품은 고가이고 작은 액세서리부터 주류까지 다양한 상품이 탑재되므로 정확한 봉인과 종료 절차가 필요하다. 따라서 기내 판매 담당자는 봉인과 Seal 번호의 정확한 기재 및 확인사항을 수행하게 되며 자세한 내용은 아래와 같다.

- 기내 면세품 인수인계는 도착편 기내 면세품 담당 승무원과 출발편 담당 승무원이 대면하여 면세품의 봉인상태와 기내 판매 대금을 직접 인계하는 것이 원칙이다.
- 항공기가 조기 도착하거나 공항 사정상 대면하지 못하는 경우, 지상 직원이나 보안 직원에게 인계할 수 있다. 이러한 경우 기내 판매 대금은 항공기 내 일정 장소(면세품 카트 안이나 테이저 보관함 등)에 보관하고 봉인하며 신송에 기입하여 담당 승무원이 확인할 수 있도록 한다.
- 출발편 담당 승무원은 탑승하여 기내 면세품 카트나 캐리어 박스에 봉인된 Seal 번호를 확인하고 봉인상태를 확인한다. 대한항공 미주 구간의 경우, 면세 담당 지상 직원의 입회하에 자물쇠로 봉인한다.
- 담당 승무원이 기내 면세품의 봉인상태를 확인하는 중에 Seal 번호가 상이할 경우, 즉시 도착편 담당 승무원에게 연락하여 상호 확인을 통해 이상 유무를 확인한다.

기내 면세품 판매용 봉투

기내 판매용 POS

3. 모기지 도착 시 인수인계(GMP, ICN 도착 시)

1) 서비스 용품의 인수인계

- 모든 기물은 서울 출발편에서 탑재되었던 정위치(Cart 및 Carrier Box)에 정리하여 보관한다.
- 서비스 용품도 지정된 원위치에 정리하고 탑재 담당 직원에게 최종 인계한다.
- Liquor는 Liquor Cart 및 Carrier Box에 넣고 Sealing한 후에 Liquor Seal Number 인수인계서를 작성하여 탑재 담당 직원에게 인계한다.
- 파손된 기물이나 물품이 있을 경우, 사용 불가 Tag를 걸어 놓고 담당 직원에게 구두로 변경을 요청한다.
- 서비스 용품 중 소모품이나 음료 등의 변질 및 손상을 방지하기 위해 모든 서비스 용품은 원위치로 정리하여 하기되도록 해야 한다.
- 갤리 내 수납공간 부족으로 코트룸(Coatroom)이나 기내 선반(Overhead Bin)에 수납한 경우, 모기지 도착 시 모두 하기될 수 있도록 잊지 말고 꺼내 놓아야 한다.

Wine Cart

Liquor Cart 내 주류

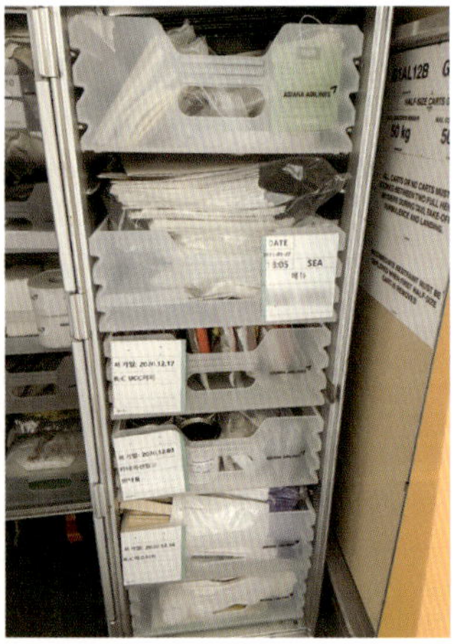

폐기일이 표기된 소모품 카트

2) 면세품의 인수인계

항공기가 모기지인 인천 국제공항에 도착하면, 모든 서비스 용품은 하기 담당 직원에게 인계하고 면세 물품은 면세품 하기 담당 직원에게 인계하게 된다. 자세한 인계 내용은 아래와 같다.

- 기내에 탑재된 고가의 면세품과 상위클래스의 기념품 등은 별도의 인계서를 작성하여 면세품 하기 담당 직원과 상호 수량을 확인한 후 인계한다.
- 기내 면세품 보관 카트 및 캐리어 박스 등은 모두 Sealing하여 Seal 번호 리스트를 작성하고, 담당 승무원과 하기 담당 직원은 Seal To Seal 방식으로 번호를 확인한 후에 최종 하기하게 된다.
- 비행 중 면세품과 관련하여 발생한 문제에 대해서는 해당 부서에 문의하고 절차에 따라 처리한다.
- 한국이 최종 목적지인 경우 항공사마다 기내 판매 대금과 잔돈의 납부 방식이 상이하나, 일반적으로 수납창구에 반납하는 형식으로 이루어진다.

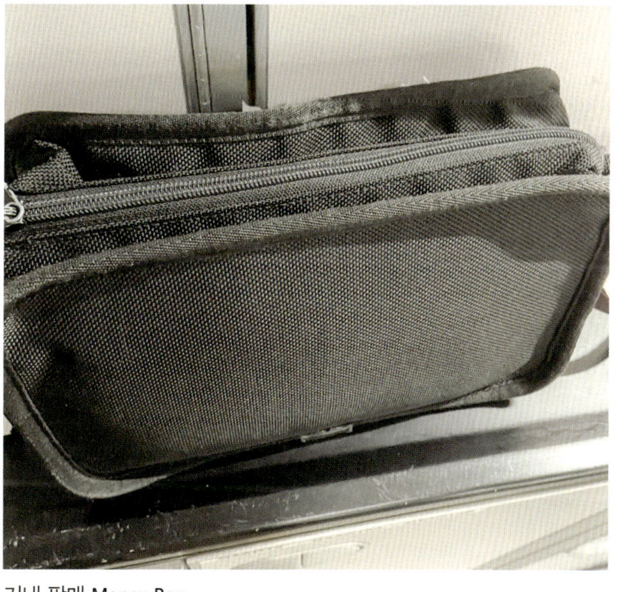

기내 판매 Money Bag

Question & Answer

1. 서비스 용품과 면세품의 정확한 인수인계를 위해 Seal의 번호와 상태를 확인해 봅시다.

2. 서비스 용품의 인수인계 방법은 해외 공항(Out Bound) 도착과 모기지(In Bound) 도착 시 각각 다르다. 두 방법의 차이점을 기술해 봅시다.

3. In Bound와 Out Bound의 의미를 정리해 봅시다.

Level up Role Play 1

상황 **착륙 점검 중 승객이 좌석 앞에 짐을 내려놓고 있는 상황**

Tip

- 먼저 좌석 주변은 안전을 위해 항상 비워 두어야 한다고 정중하게 말씀드린다.
- 좌석 위 선반에 빈 공간이 없다면, 비어 있는 공간을 찾아 승객의 짐을 보관할 수 있도록 돕는다.
- 가능하면 승객이 착석한 좌석의 앞쪽 선반으로 안내하여 하기 시 좀 더 편하게 짐을 가지고 내릴 수 있도록 안내한다.

응대 방법

응대 대화문

Level up Role Play 2

상황 항공기가 지상 이동(Taxing) 중인데 한 승객이 일어나 오버헤드 빈(Overhead Bin)에서 짐을 꺼내려는 상황

Tip

- 항공기가 이동 중일 때에는 매우 위험하므로 짐을 꺼내려는 승객을 즉각적으로 저지하며 좌석에 착석해야 함을 말씀드린다.
- 초기에 응대가 이루어지지 않으면 다른 승객들도 연달아 일어나는 경우가 많으며, 이는 안전상 위험할 수 있으므로 초기에 신속히 응대하도록 한다.
- 승객 착석을 적극적으로 유도하되, 강압적으로 응대하지 않도록 주의한다.

응대 방법

응대 대화문

디브리핑 및 비행 관련 보고

CHAPTER 10

학습목표

- 객실 승무원은 승객 하기 후 비행 중 발생한 문제점이나 특이사항을 보고할 수 있다.
- 객실 사무장은 보고 및 업무 개선이 필요한 내용일 경우 보고서를 작성할 수 있다.

Airline News!

비행기 좌석 젖히기, 앞좌석의 권리일까? 뒷좌석에 민폐일까?

항공기 내 좌석 등받이에 대한 '답 없는 논쟁'은 한 미국 여성이 기내에서 겪은 상황을 트위터에 알리면서 다시 점화됐다. "내가 의자를 젖히자 그(뒷자리 남성)는 화가 나서 9번 정도 '세게' 등받이를 쳤다"고 밝혔다. 이 상황을 승무원에게 말했으나 오히려 승무원은 그녀를 나무란 뒤 뒷자리 승객에게 무료로 술을 서비스했다.

출처: 경향신문 2020.02.16.

1. 디브리핑(Debriefing)

비행 종료 후 객실 사무장의 주관하에 디브리핑을 실시한다. 디브리핑은 매 비행이 끝난 후 객실 전방이나 Ship Side에서 실시한다. 만약 동일 날짜에 2개 구간을 비행한다면 디브리핑의 시간과 장소는 객실 사무장의 판단하에 결정된다. 디브리핑 내용을 고려하여 외부 직원에게 노출되지 않는 장소를 택한다. 일반적으로 디브리핑은 국내선의 경우 마지막 근무가 끝나고 실시하며, 국제선의 경우 In Bound 편에 한하여 실시한다. 디브리핑의 자세한 내용은 아래와 같다.

- 비행 근무 시 잘된 부분은 칭찬을 하여 승무원을 격려하고 미진한 부분은 다음 비행에 더 좋은 서비스를 하도록 피드백(Feedback)을 한다.
- 비행 종료에 대한 정보를 간단히 공유하고 비행을 돌아보며 정리하는 시간이 되도록 한다.
- 객실 승무원은 비행 중 발생한 문제점이나 특이사항 위주로 객실 사무장에게 보고하고, 객실 사무장의 지시사항을 적극적으로 수용한다.
- 디브리핑 실시 결과, 별도 보고 및 업무 개선이 필요하다고 판단되는 경우 객실 사무장은 각종 보고서를 작성하여 회사에 보고한다.

승객 하기 후 항공기 밖에서 디브리핑 실시

2. 디브리핑 시 필요한 내용

디브리핑을 할 때 다뤄야 할 내용은 아래와 같으며 이외에도 각 상황에 따른 여러 가지 사항에 대해 공유한다.

- 기내 환자 발생 및 처리 결과
- 서비스 시 발생한 고객 불만 처리사항이나 칭송 관련 내용
- 좌석 배정에 관련한 특이사항
- 분실물 여부에 대한 사항
- 기내 난동 승객에 관한 사항
- 기내 접수 서류에 관련한 사항
- 면세품에 관련한 사항

3. 디브리핑 후 추가 업무

디브리핑을 실시한 후에 추가되는 업무는 아래와 같으며 이외에도 필요에 따라 유연하게 업무를 처리하도록 한다.

- 각종 인계 서류 제출
- 기내 판매 담당자의 기내 판매 대금 반납
- 승무원 보고서(Cabin Report) 제출
- 테이저건(Taser) 반납
- 필요시 객실 사무장의 서류 업무

각종 Irregular 상황 발생 관련 보고서

비행 중 특이사항이 발생하여 보고를 해야 하는 경우, 그에 해당하는 회사 서식 보고서의 정형 양식에 맞게 육하원칙에 의거하여 상세히 기술하여 보고서를 작성한다.

보고서의 종류에는 FLT IRR 발생 보고서, 고객 불만 보고서, V/C/AIP Report, 환자 발생 보고서, 목격자 보고서 등이 있으며, 보고서의 서식과 내용은 항공사마다 차이가 있다.

환자 발생 보고서

기내 화상, 오버헤드 빈 수하물 낙하, 기체 동요 등으로 기내 부상 환자가 발생하여 의료인의 치료가 필요한 경우, 사후 보상 조치 필요 여부를 판단하기 위해 환자 발생 보고서를 작성한다.

고객 불만 보고서

기내 면세품(사전 주문 누락, 면세품 제품 불량, 면세품 Packing 누락 등), 기내식(Special Meal 제공 누락, 음식 내 이물질로 인한 불만, 기내식 취식 후 이상 증세 등), 기내 설비 등과 같은 Irregular 상황으로 인한 승객 불만 발생 시, 승객이 회신을 요구할 경우에 고객 불만 보고서를 작성한다.

V/C/AIP Report

VIP, CIP, AIP 및 주요 인사 탑승 시 비행 중 서비스한 내용과 특이사항을 바탕으로 V/C/AIP Report를 작성한다.

목격자 보고서

기내 난동 승객 등과 같은 Irregular 상황이 발생한 경우, 상황에 대한 목격자 보고가 필요할 때 목격자 보고서를 작성한다.

Question & Answer

1. 디브리핑 시나리오를 작성해 봅시다.

Level up Role Play 1

상황 **식사 서비스 중 승객이 기내식에서 이물질을 발견한 상황**

Tip

- 승객이 취식하던 기내식에서 이물질을 발견한 경우, 승객의 이야기를 경청 및 공감하고 불편을 끼친 사항에 대해 즉시 사과드린다.
- 이물질이 담긴 기내식 Tray는 승객 앞에서 즉시 치우고 제공 가능한 새로운 식사나 대체할 수 있는 식사를 제공한다.
- 승객 하기 시까지 세심하게 응대한다.

응대 방법

응대 대화문

Level up Role Play 2

상황 **기내 서비스 중 승객에게 음료(토마토 주스, 레드 와인 등)를 쏟은 상황**

Tip

- 누구의 잘못인지 과실 여부를 따지지 않고 승객에게 우선 사과드린다.
- 더 이상 오염되지 않도록 신속하게 물티슈나 Cotton Towel에 충분히 물을 적셔 승객의 옷에 묻은 잔여물을 닦아 낸다.
- 승객이 보상을 요구할 경우, 오염 상태 등을 감안하여 클리닝 쿠폰(Cleaning Coupon)을 제공한다.
- 승객 하기 시까지 세심하게 응대한다.

응대 방법

응대 대화문

부록

해외 체류 시 주의사항

미국

한 여자를 오래 쳐다보면 스토킹

미국에는 낯선 사람이 특정인을 오랫동안 쳐다보면 스토킹한다고 생각하는 사회적 분위기가 있습니다. 그러므로 한 사람을 빤히 쳐다보는 행동은 자제해야 해요.

처음 보는 아이는 노터치

혼자 있는 아이를 보고 아이가 예뻐서 쓰다듬는 순간 아이 부모가 경찰에 신고하여 순식간에 범죄자 취급을 받을 수 있습니다. 우리나라에서는 예로부터 어른들이 아이들을 예뻐하여 쓰다듬거나 어루만지는 행위를 자연스럽게 받아들였으나, 요즘에는 사회적 인식이 변하여 아이에게 손을 대는 행위를 정말 조심해야 해요.

인종, 성별 혹은 비만에 대한 말은 금기

미국 사회에서는 개인의 프라이버시를 굉장히 중시합니다. 인종이나 종교, 정치, 특히 동성애자나 양성애자 같은 성적 취향 등에 대해 말하면 작은 말다툼이나 심각한 분쟁이 일어날 수 있으니, 각별히 주의하세요.

신체 접촉 자제하기

미국 사람들은 신체 접촉을 좋아하지 않으므로 붐비는 버스나 기차에서는 몸이 닿지 않도록 유의해야 합니다. 손을 흔드는 정도의 인사는 좋아하지만, 포옹이나 키스는 부담스러워할 수 있어요.

팁은 잊지 않고 테이블 위에

종업원은 팁을 당연히 받아야 할 권리가 있다고 생각하는 경향이 있어서 팁을 받지 못하면 화를 내거나 듣기 거북한 말을 할 수 있습니다. 그러니 식사를 마친 후에는 꼭 테이블 위에 팁을 올려놓고 나오세요. 레스토랑이라면 식사 가격의 15~18% 정도 금액을, 호텔 숙박 시에는 하루에 약 1~2달러를 주면 됩니다.

노숙자 근처에 가지 않기

미국에서는 노숙자를 쉽게 볼 수 있습니다. 특히 시내 중심에 있는 유명 백화점 바로 옆에 노숙자가 많으니 주의해서 다니도록 하세요.

공짜 사진은 없어요

타임스 스퀘어나 할리우드 거리와 같이 이름난 관광 명소에 가면 코스프레의 대가들을 만날 수 있습니다. 보통 이들과 사진을 찍으면 사진료를 지불해야 하는데, 종종 무료로 사진을 찍어 주겠다는 듯 상황을 연출하며 먼저 접근하는 경우도 있으나 결국에는 팁을 요구했던 기억이 납니다. 공짜는 없다는 점, 잊지 마세요.

유럽

소매치기 조심

유럽은 관광지마다 소매치기가 많으니 소지품을 자주 살펴야 합니다. 특히 백팩은 절대 메지 마세요. 백팩을 멘 경우, 아랫부분을 칼로 찢어서 지갑을 빼 가거나 아예 가방끈을 잘라 가방을 통째로 낚아채는 일도 있답니다. 그러니 사람들로 붐비는 명소나 공공장소, 지하철 등에서는 소지품을 자주 확인하고 잘 관리해야 해요.

낯선 사람의 친절, 호의는 정중히 거절

관광지에 가면 사진을 찍어 주겠다며 다가오는 외국인을 흔히 볼 수 있습니다. 물론 선의로 사진을 찍어 주는 사람도 있으나, 사진을 찍어 주고 돈을 요구하거나 카메라를 가지고 달아나는 사람도 있으니 일단 경계하고 주의 깊게 지켜보아야 해요.

식당에서 종업원을 부를 때 '저기요' 호칭은 금물

우리나라 식당에서는 종업원을 부를 때 보통 '저기요' 하고 부르거나 손을 들어서 필요를 알리지만 유럽에서는 이런 표현을 예의 없는 행동으로 여깁니다. 유럽 식당에서 종업원을 부를 때는 종업원과 눈이 마주칠 때까지 기다렸다가 눈이 마주쳤을 때 손을 살짝 들어 보이면 됩니다.

유럽에도 팁 문화

유럽에도 팁 문화가 있으므로 식당이나 호텔 이용 시 꼭 팁을 놓고 나오도록 합니다.

베드버그 주의보

유럽에서 숙소를 정할 때 알아 두어야 할 것이 있어요. 유럽에서 흔히 볼 수 있는 '베드버그'라는 벌레에 한번 물리면 매우 가렵고 붉게 부어오르며, 심하면 수포와 고름 증상이 나타나 여행 일정을 소화하기가 어려워져요. 따라서 유럽에서 숙소를 정할 때는 시설과 침대 등의 위생 상태를 꼼꼼히 확인하세요.

ATM 기기는 가급적 사용 금지

여행을 하다 보면 현금이 필요해서 ATM 기기를 이용할 일이 생깁니다. 그런데 유럽에서는 ATM 기기 이용 시 카드가 복제되는 일이 자주 일어난다고 해요. 이런 경우, 카드로 현금을 찾지 말고 카드를 바로 사용하는 것이 안전하겠죠? 현금을 꼭 인출해야 한다면 은행 안에 있는 기기를 사용하도록 해야 합니다.

호주

흡연 금지 규정

호주에서는 공공장소 흡연을 금지하고 있습니다. 예를 들어, 쇼핑몰, 레스토랑, 호텔, 영화관 등에서는 흡연을 할 수 없습니다. 또한 18세 미만의 아동과 청소년에게는 담배 제품의 판매 및 제공이 금지되어 있다는 사실도 알아 두면 좋겠죠?

범죄율

호주는 정치가 안정되어 있고 범죄율이 낮아 대체로 안전하게 일상생활을 누릴 수 있습니다. 다른 나라에 비해 치안 상태도 좋아 유동 인구가 많은 지역에서는 안전하게 다닐 수 있으나, 밤늦은 외출은 어느 나라에서든 위험하니 삼가는 것이 좋습니다.

해변에서 수영하기

호주의 해변은 눈부시게 아름답고 파도가 적당하여 해수욕을 즐기기에 안성맞춤입니다. 해변에서 수영을 할 때는 항상 '립스(Rips)'라고 불리는 거센 물살을 주의해야 해요. 또 빨간색과 노란색 깃발로 표시된 서프 안전요원(Surf Lifesaver)이 있는 영역 내에서 수영하는 것이 안전합니다. 밤에 혼자 수영을 하거나, 음주 상태로 또는 식사 직후에 수영을 했다가는 불의의 사고를 당할 수 있으니, 이런 행동은 꼭 삼가도록 하세요.

오지 여행

호주에서 외진 지역을 일반 차량으로 운전해 가는 경우 4륜 구동(4WD) 차량의 GPS와 예비 타이어가 2개 구비되었는지 점검하고, 도로 주행 적합 차량인지 다시 한번 확인하세요. 오지에서는 휴대전화가 불통될 수 있으니 사전에 통신사에 연락해 통신 여부를 확인하고, 기온이 지나치게 높아질 때는 운전을 가급적 삼가는 것이 좋습니다.

중국

어딜 가나 차 조심

신호등이 있으나 유명무실한 곳이 바로 중국입니다. 파란불이어도 차가 사람보다 먼저 지나가는 일이 부지기수이기 때문에 횡단보도를 건널 때는 파란불이 켜졌어도 차가 오지 않는지 살핀 뒤 손을 들고 건너야 해요.

손가락질은 몰상식

어느 나라나 똑같겠지만, 특히 중국에서는 손가락질을 예의에 어긋나는 몰상식한 행동으로 여깁니다. 중국에서는 다툼을 하거나 상대를 모욕할 때 손가락질을 하기 때문인데요. 무심코 한 작은 행동이 오해를 불러일으킬 수 있으니, 손가락질은 아예 하지 않는 것이 좋습니다.

물과 화장지는 필참

낯선 곳에서 생리현상이 다급할 때처럼 당황스러운 일도 없는데요. 중국에서는 식당이나 공중 화장실에 으레 휴지가 있을 거라는 생각은 하지 마세요. 중국에서는 화장지가 비치되지 않기 때문에 화장지를 꼭 휴대하고, 물도 무료로 제공되지 않으니 끓인 물을 가지고 다니는 것이 좋아요.

불법 택시 헤이처(黑車)는 절대 타지 않기

헤이처(흑차)라는 택시는 차종이 여느 택시보다 깔끔하고 비용이 저렴하여 한 번쯤 이용하고 싶겠지만, 불법으로 운영되므로 안전을 보장받기 어렵습니다. 따라서 사건, 사고에 연루되면 안전을 위협받을 수 있으니 이용하지 말아야 합니다. 특히 밤늦은 시간에 공항에서 시내로 이동할 때나 관광지에는 헤이처가 많으니, 일반 택시와 혼동하지 않도록 더욱 주의해야 해요.

녹색 모자는 실례

중국에서는 경사와 번영 등 행운을 상징하는 색이 붉은색이며, 검은색은 불운과 불법적인 어두운 일을 상징합니다. 또 노란색은 고급스럽고 값비싼 귀중품을 의미하여 금을 선호하는 문화도 이런 맥락에서 이해할 수 있습니다. 그러나 녹색은 매우 특별한 것을 상징해요. 중국에서 사용하는 일종의 관용어로 '戴绿帽子(녹색 모자를 쓰다)'라는 말이 있는데, 이 말은 부인이 바람을 피우고 있다는 뜻을 지닙니다. 그러니 '녹색 모자'를 쓰거나 누군가에게 선물하는 것은 굉장히 큰 실례라는 점을 잊지 마세요.

일본

편의점 우산 도난 주의

일본에서는 비닐 소재의 우산이 많고 그 모양이 엇비슷하여 잃어버리기 십상입니다. 3,000원에서 5,000원대의 가격으로 비닐 우산이 값싸다 여겨 남의 우산을 마음대로 집어가는 사람들이 있다고 합니다. 또한 우산 주인조차도 자기 우산이 맞는지 알아보기 어려워 도난율이 더 높다고 하니, 갑자기 비가 내리는 날에는 편의점에서 우산을 혼동하거나 잃어버리지 않도록 주의하세요.

신호등 없는 횡단보도 조심

일본은 보행자 우선을 강조하지만 법률상으로도 '정지할 수 있을 정도의 속도로 주행해야 한다'라고만 명시되었을 뿐, 일시정지가 의무사항은 아닙니다. 특히 도쿄나 오사카 같은 대도시일수록 택시, 트럭, 일반 차량을 불문하고 경쟁적으로 엑셀을 밟는 운전자가 많으므로 신호등이 없는 횡단보도를 건널 때는 안전한지 주위를 둘러보아야 해요.

관광객이 당하기 쉬운 호객행위

도쿄에서는 신주쿠 · 이케부쿠로 · 롯폰기 부근, 오사카는 난바 · 신사이바시 · 우메다 부근이 주요 지역으로, 이들 번화가에서의 호객행위는 매우 집요해서 거절하기가 쉽지 않습니다. 큰 번화가에서 '특별가격', '할인' 등의 프로모션으로 일단 손님을 유인해 놓고 계산 시에는 과도한 금액을 청구하는 수법으로 사기를 치는 일이 빈번하게 발생하니, 아무리 솔깃하더라도 절대 호객행위에 속지 않도록 하세요.

길거리 흡연은 벌금

일본도 한국과 같이 길거리에서 흡연하면 벌금을 부과합니다. 과태료로 최저 2,000엔(도쿄도 지요다구), 최고 20,000엔(군마현 마에바시시)이 책정되어 있으므로 주의해야 합니다. 버스와 택시 등의 대중교통, 음식점 등에서의 실내 흡연이 금지되므로 흡연은 지정 장소에서만 가능함을 꼭 기억하세요.

전철이나 번화가 인파 속 날강도 조심

일본의 치안은 안전한 편이나 전철이나 관광지, 번화가의 인파 속에서 소매치기나 날치기 피해가 빈번하게 발생하므로, 여행 시 고가의 노트북이나 아이패드, 카메라, 여권, 지갑, 신용카드 같은 귀중품은 숙소에 보관해야 합니다. 또 가방을 앞으로 메고 바지 뒷주머니 등에는 지갑이나 귀중품을 넣지 않도록 하세요.

자전거 도난 주의

자전거를 타고 관광하는 여행객이 많은 편인데, 하루에 100대 가까운 자전거가 도난을 당한다고 합니다. 길거리에 방치하거나 자물쇠로 잠그지 않고 자리를 뜨면 금세 도난당할 수 있습니다. 따라서 풀기 어려운 자물쇠를 준비하고 방범 카메라가 설치된 주차장을 이용하도록 하세요.

태국

공항에서 공식 택시 이용하기

공항에 도착하면 내리쬐는 뜨거운 열기에 당장 택시를 잡아타고 싶어집니다. 이때 처음 보는 사람이 상냥한 미소를 지으며 다가와서 따라오라고 하는데, 이들을 따라가서는 절대 안 됩니다. 이들의 택시는 공식 택시 요금보다 3배에서 4배 높은 요금을 받습니다. 택시는 미터기를 켜고 운행하는 것이 의무이기 때문에 1층의 공식 택시 대기열에서 기다리다가 탑승하는 것이 안전합니다.

대중교통이 최선의 선택(특히 출 · 퇴근 시간)

태국은 출 · 퇴근 시간대 교통 체증이 굉장히 심해서 오전 7시부터 9시까지와 오후 5시부터 7시까지는 자동차, 버스, 툭툭, 오토바이로 교통이 매우 혼잡한 모습을 볼 수 있습니다. 이때 가장 빠른 교통수단은 방콕의 BTS 스카이트레인, 지하철 등의 대중교통이라는 점을 잊지 마세요.

오전 8시와 오후 6시에 울려 퍼지는 국가

방콕을 처음 방문한 사람에게 손꼽히는 매우 흥미로운 광경 하나는 매일 오전 8시와 오후 6시에 태국의 국가가 전국의 기차역, 시장, 공공건물에서 연주되는 이색적인 풍경입니다. 사람들이 하던 일을 일제히 멈추고 경의를 표한 후 조용히 서 있다가 연주가 끝나면 다시 바쁘게 이동하는 모습을 보게 될 거예요. 그때 우리도 외국인으로서 예의를 갖추고 멈춰 서 있다가 다시 움직이는 매너를 가져야겠죠?

물건 가격이 천차만별

물건 가격이 저렴하기 때문에 상인들은 시세를 모르는 관광객에게 물건값을 비싸게 부릅니다. 여행객이 많은 관광지일수록 가격이 천차만별이에요. 짜뚜짝, 프라투남, 아시아티크와 같은 시장에는 대부분 가격표가 없고 으레 가격 흥정이 벌어집니다. 그러니 여러 상점을 돌아보면 가격을 비교해서 같은 물건을 더 낮은 가격에 살 수 있겠죠?

사원 방문 시 옷차림

태국에는 사원이 많은데, 이곳을 방문할 때는 예의를 갖춰야 해서 어깨와 무릎 위의 부위를 모두 가려야 합니다. 특히 왕궁 방문 시 어깨와 무릎이 보이는 옷을 입었을 경우, 복장 부적절로 간주되어 꽃 모양의 보자기를 뒤집어 쓰거나 헐렁한 남의 치마를 빌려 입어야 합니다. 사원을 방문할 일이 있다면, 적절한 옷을 입거나 챙겨 가는 것이 좋아요.

길거리 음식 조심

태국은 길거리 음식 문화가 발달해서 어디를 가든지 길거리 음식이 즐비합니다. 물론

맛있는 곳도 있지만 위생 상태가 좋지 않아서 배앓이를 하게 될 확률이 높아요. 따라서 현지어를 모르더라도 현지인이 많이 이용하는 식당에 들어가서 인기 메뉴를 손으로 가리켜 주문하는 것이 좋아요. 또 고기 요리는 완전히 익었는지 확인해야 배탈로 괴로운 여행을 하게 되지 않을 거예요.

싱가포르

입국 반입 금지 물품

싱가포르에 입국할 경우 껌은 금지 물품 중 하나이며, 담배도 개봉된 한 갑만 소지할 수 있습니다. 주류, 담배와 관련된 규정이 엄격하니 꼭 알아 두세요.

비싼 물가

싱가포르는 물가가 높아서 일반 음식점에서 식사 시 15~25달러 정도를 지불해야 합니다. 일반적으로 한국보다 물가가 더 높다는 점, 알고 있으면 좋겠죠?

엄격한 법과 규율

법과 규율이 엄격해서 규율을 지키지 않을 경우, 큰 금액의 벌금을 낼 수 있습니다. 무단횡단을 하거나 공공장소에서 흡연하거나 길거리에 쓰레기를 버리는 등의 규율을 어길 경우, 1차 적발 시 160만 원, 2차 적발 시 최대 340만 원이라는 큰 금액의 벌금형이 부과됩니다. 이런 이유로 싱가포르의 거리가 깨끗하고 쾌적한 거겠죠?

대중교통 탑승 시 음식물 휴대 금지

우리나라에서 뚜껑 없는 음료를 가지고 버스에 탈 수 없는 것처럼, 싱가포르에서도 대중교통을 이용할 때 음식을 섭취하면 약 40만 원에 이르는 벌금을 내야 합니다. 냄새가 심한 두리안 같은 과일 소지 시 탑승이 불가하다는 점을 꼭 기억하세요.

지정된 음주 시간 지키기

밤 10시 30분부터 다음 날 오전 7시까지는 술을 구입할 수 없습니다. 술을 판매하는 곳도 자물쇠로 문을 굳게 닫고 철저하게 관리하니, 주류는 판매 가능 시간에 사 놓는 것이 좋습니다. 주류 판매 금지 시간에 공공장소에서 음주 시 훈방조치되거나 심하면 벌금을 내야 한다는 점을 잊지 마세요.

아직 남아 있는 카스트 제도

카스트 제도는 현재 폐지되었지만 여전히 전반적인 사회활동에 큰 영향을 미치기 때문에 이러한 인도의 문화와 관습을 이해하고 카스트 구분에 따라 자존심이 상하지 않도록 해야 합니다. 그러니 각별히 배려하고 직접적으로 물어보는 결례를 범하지 않도록 주의해야 해요.

인도의 제일 종교는 힌두교

인도 인구의 80% 이상이 힌두교인으로 모든 생활이 종교와 밀접하게 관련되어 있는데, 교리 준수나 자기 성찰보다는 수많은 제신들의 형상화를 통한 의식이 주된 신앙생활이라고 보면 됩니다. 인도 사람들은 소고기와 돼지고기를 첨가하지 않고 생선, 양고기, 가금류(오리, 거위, 닭) 등으로 만든 식사를 한다는 사실 정도는 기본적으로 알고 있기로 해요.

금주하는 사회 분위기

인도는 음주를 금지해 왔으며, 일부 주에서는 금주 제도를 실시하기도 합니다. 또한 특정 일과 시간, 장소에서 술 판매를 금지하기도 하므로 인도 여행 시에는 가능하면 음주를 자제하는 것이 좋아요.

오랜 전통과 보수적 문화

인도 사람들은 전통과 관습을 중요시하여 매우 보수적인 편입니다. 특히 여성에게는 이를 더욱 엄격히 적용하므로 여행 시 짧은 반바지, 미니스커트, 민소매 등 눈에 띄는 복장은 하지 않아야 합니다. 또 여성끼리 다니는 것은 다소 안전하지 않으므로 인도 여행에서는 패키지 여행을 이용하거나 그룹으로 무리 지어 다니는 것이 좋습니다.

참고 문헌

네이버 지식백과(http://www.naver.com)

대한항공 서비스 업무 교범

대한항공 안전 업무 교범

대한항공 홈페이지(http://kr.koreanair.com)

대한항공 In-Flight Announcements I, II

박수미 · 배윤미(2020), 항공객실서비스론, 양성원

아시아나항공 서비스 매뉴얼

임연경(2021), 비행 중 · 착륙 전 서비스, 센게이지러닝코리아

최성수(2016), 착륙 전 서비스 & 착륙 후 서비스, 한올출판사

NCS 학습모듈(항공객실 서비스), 착륙 전 서비스, 착륙 후 서비스

NCS 홈페이지(http://www.ncs.go.kr)

저자 약력

문희정

경희대학교 일반대학원 관광학 박사
한양대학교 국제관광대학원 관광학 석사
현) 장안대학교 항공관광과 조교수
한국골프학회 편집위원
전) 대한항공 객실승무원
두원공과대학교 항공서비스과 조교수
한국관광레저학회 대학생 학술위원회 부위원장
한국음료외식학회 항공서비스위원회 부위원장

양지혜

경기대학교 서비스경영전문대학원 경영학 박사
경기대학교 서비스경영전문대학원 경영학 석사
현) 장안대학교 항공관광과 조교수
한국관광레저학회 이사
한국관광진흥학회 이사
전) 아시아나항공 캐빈 매니저
호원대학교 항공서비스학과 외래교수
정화예술대학교 항공서비스과 조교수

양혜련

세종대학교 일반대학원 호텔관광경영학 박사
세종대학교 관광대학원 관광경영학 석사
현) 장안대학교 항공관광과 겸임교수
한국관광학회 이사
전) 아시아나항공 부사무장
백석문화대학교 관광학부 외래교수
한국관광대학교 항공서비스과 겸임교수